总 策 划：许 琳
总 监 制：夏建辉 王君校
监　　制：韩 晖 张彤辉 刘根芹

主　　编：吴中伟
编　　者：吴中伟 耿 直
顾　　问：陶黎铭 陈光磊

Dāngdài Zhōngwén
当代中文
Contemporary Chinese

Yuèdú Cáiliào

阅读材料

3

Supplementary Reading Materials
Volume III

主编：吴中伟

First Edition 2016

All rights reserved. No part of this book may be reproduced, stored in a retrieval system, or transmitted in any form or by any means without permission in writing from the publisher.

ISBN 978-7-5138-1157-6
Copyright 2016 by Confucius Institute Headquarters (Hanban)
Published by Sinolingua Co., Ltd
24 Baiwanzhuang Road, Beijing 100037, China
Tel: (86)10-68320585, 68997826
Fax: (86)10-68997826, 68326333
http://www.sinolingua.com.cn
E-mail: hyjx@sinolingua.com.cn
Facebook: www.facebook.com/sinolingua
Printed by Beijing Efeng EasyPrint Technology Co., Ltd

Printed in the People's Republic of China

编写说明

根据《当代中文》的教学实际需求，我们编写了这套《阅读材料》。本《阅读材料》与各册相应的《课本》配合使用，可用于学生课外阅读，也可为教师提供补充性教学材料。

本教材的《练习册》中已设有短文阅读题，《汉字本》中已设有单句阅读。《阅读材料》旨在提供更多的阅读文本。

本《阅读材料》属泛读性质，其目标有三：（1）用新鲜的内容复现已学字词和结构，帮助复习、巩固；（2）在阅读过程中培养学生的阅读习惯，训练阅读技能，提高阅读速度；（3）通过阅读新的汉语文本来扩大词汇量，从而提高汉语综合运用能力。

本《阅读材料》在编写中力求兼顾趣味性、实用性和知识性。《阅读材料》中必然会出现一些新的词语和语言现象，其中的生词不必全部掌握，阅读材料也不必百分之百读懂。学生应逐步培养起跳跃障碍、猜测词义、查找信息、概括大意、推测言外之意等阅读技能。

在实际教学中，建议教师结合每单元的教学目标，就如何使用《阅读材料》对学生提出具体要求，并加以督促和指导。教师也可以结合本地教学情况适当增补阅读材料。

编　者

Mùlù 目录 Contents

Unit 1	一片红叶	1
Unit 2	花心萝卜	9
Unit 3	中式英语	15
Unit 4	各有所爱	22
Unit 5	找不着北	30
Unit 6	保持联系	38
Unit 7	天下一家	44
Unit 8	端午传说	51
Unit 9	夫子搬家	58
Unit 10	勤工俭学	65
Unit 11	有借有还	72
Unit 12	节日快乐	79
参考答案		87

Unit 1　一片红叶

一、词语认读 Read the words and phrases.

当（当作）

把红叶当书签　把啤酒当水喝

她不把我当朋友看

弄

把电话号码弄错了　把钱包弄丢了

把衣服弄脏了　把电脑弄坏了

到处

房间里到处都是水，怎么回事？

在那儿，到处都可以看到红叶。

美

真美　太美了　美极了

美美地睡一觉　美美地吃一顿

想得美

难怪

她在中国学过一年，难怪她汉语说得这么好。

听说她病了，难怪今天没来上课。

难怪房间里这么热，他把空调关了。

一共

一共多少钱?

我们班一共有18个学生。

那个地方我一共去过3次。

从来

我从来不喝酒。

他从来没去过中国。

唯一

唯一的朋友　唯一的礼物　唯一的爱　唯一的中国老师

唯一的办法　唯一爱过的人

像

他画的老虎像一只猫。

我觉得她像一个日本人。

感动

这个电影把很多人都感动了。

很多人被这个电影感动得流下了眼泪。

他的话感动了很多人。

笑话

我说得不好,你们别笑话我。

你那样做会让人笑话的。

笑话!我怎么可能那么做呢。

我讲一个笑话给你听吧。

舍不得

他有点儿舍不得花钱。

舍不得吃　舍不得穿　舍不得用

花

这件衣服是我花200多元钱在中国买的。

钱都被我花完了。

我花了一个多小时才看完。

二、句子理解 Figure out the meaning of the following sentences.

1. 到了秋天，到处都可以看到红叶。
   - ☐ 秋天的红叶很红。
   - ☐ 秋天的红叶很多。
   - ☐ 秋天不能看到红叶。

2. 没有不喜欢枫叶的加拿大人。
   - ☐ 加拿大人不喜欢枫叶。
   - ☐ 有不喜欢枫叶的加拿大人。
   - ☐ 加拿大人都喜欢枫叶。

3. 他昨天没有来上课，难怪要借别人的笔记。
   - ☐ 他昨天没有来上课，很难借别人的笔记。
   - ☐ 他昨天没有来上课，所以要借别人的笔记。
   - ☐ 他昨天没有来上课，也没人借给他笔记。

4. 你这个问题可把我给问住了。
   - ☐ 我要问你问题。
   - ☐ 这个问题很难。
   - ☐ 你别问我问题。

5. 她把我的衣服弄脏了。

   ☐ 我弄脏了她的衣服。

   ☐ 她弄脏了我的衣服。

   ☐ 我的衣服弄脏了她。

6. 我从来没有听说过这个人。

   ☐ 我没听过这个人说话。

   ☐ 我一直不听这个人说话。

   ☐ 我不知道这个人。

7. 男朋友是唯一送她礼物的人。

   ☐ 她的男朋友只送了她一个礼物。

   ☐ 除了男朋友，没有人给她送过礼物。

   ☐ 她只想要男朋友送的礼物。

8. 她差点儿没写完作业。

   ☐ 她写完了作业。

   ☐ 她写不完作业。

   ☐ 她没写完作业。

9. 你爱不爱我，就看你懂不懂我的心。

   ☐ 你不懂爱我。

   ☐ 你的爱对我来说很重要。

   ☐ 懂我就是爱我。

10. 什么生日礼物都不买能不是小气吗？

    ☐ 买什么生日礼物才不是小气？

    ☐ 因为没有买生日礼物，所以是小气。

    ☐ 不买生日礼物，是不是小气？

三、短文阅读 Read the short passage.

礼 物

有一位先生去商店买礼物,营业员问他:"是送给谁的呢?"

"我女朋友的。"

"是当生日礼物吗?"

"不是,是求婚礼物。"

把礼物选好以后,营业员很同情地对他说:"上帝保佑你送了礼物以后,你女朋友会和你结婚。"

求婚	qiúhūn	propose (marriage)
同情	tóngqíng	to sympathize
保佑	bǎoyòu	to bless
结婚	jiéhūn	to marry

问题:

1. 礼物是送给谁的?

2. 为什么这位先生要买礼物?

3. 为什么营业员会同情这位先生?

四、快速查阅 Fast reading

下表反映的是北京市和上海市全年平均气温和平均降水。请根据图表判断下面说法的对错。

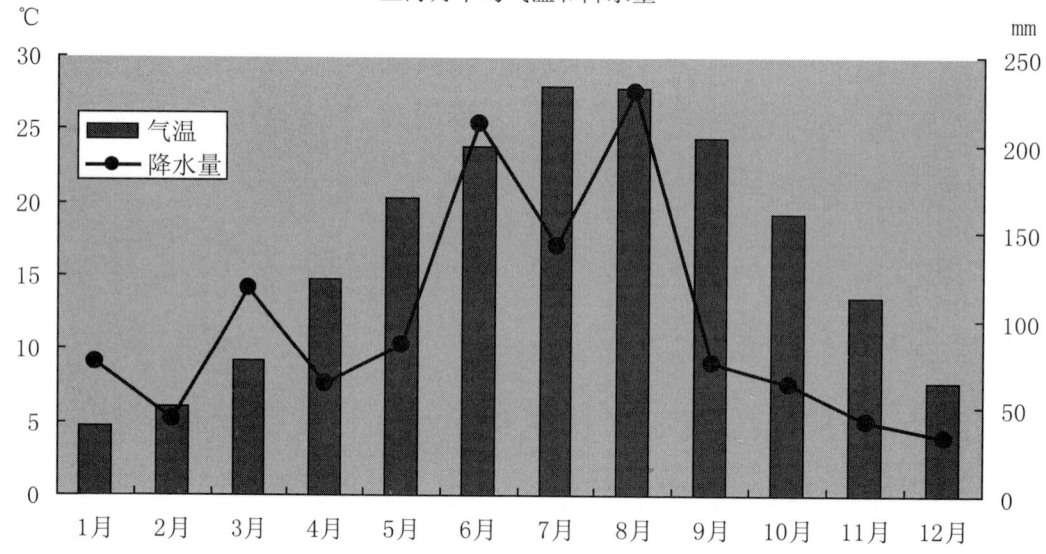

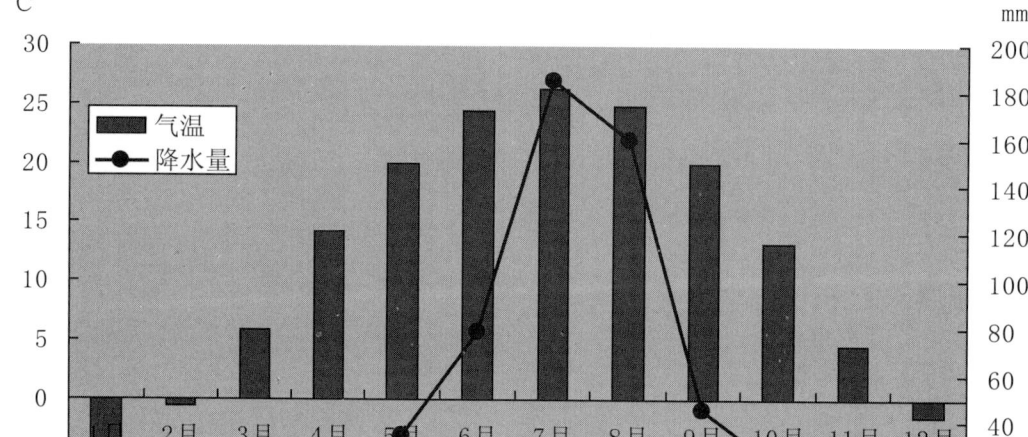

问题：

1. 上海6月最热。（   ）

2. 北京1月最冷。（   ）

3. 8月的北京比上海热。（   ）

4. 上海12月降水量最少。（   ）

5. 上海每个月都比北京的降水量多。（   ）

五、扩展学习 Extended reading

爱情是什么颜色的？

睡觉前，一个陌生（mòshēng, strange）的QQ号码发来消息："爱情是什么颜色的？"

这个问题可把我问住了。我回复（huífù, to reply）："你觉得呢？"

"爱情是树叶的颜色。从绿色到红色，最后变成黄色。"

"什么意思？"

"我只是觉得爱情也是有生命的，也会生老病死（shēng-lǎo-bìng-sǐ, be born, age, fall ill and die out）。"

不知道给我发消息的是谁，我没有继续（jìxù, to continue）聊下去，就上床睡觉去了。

但躺在床上我怎么也睡不着了。想想还真是这么一回事。就像我跟我的太太，我们两个人是中学同学，我喜欢她，她也喜欢我，但都不敢（gǎn, to dare）说出来。大学她在南方读，我在北方读，每周都写信，聊学习，聊生活。毕业之前，我们决定（juédìng, to decide）在一起，就到同一个城市找工作，工作以后就正式（zhèngshì, formally）在一起了。然后是结婚，然后就有了孩子。现在想想，我们之间好像没有什么爱情了，每天都是一样的吃饭、上班、睡觉。

第二天起床后，我问太太："你觉得爱情是什么颜色的？"她一听笑得都流泪了，问我怎么突然想起来这个问题。我把昨天晚上的信息给她看，她说："爱情又不是树叶，哪有什么颜色呀？如果一定要说，我觉得爱情是透明（tòumíng, transparent）的。就像我们两个，在一起这么长时间了，我一眼就能看透你的心。"

当天晚上，我在QQ空间（kōngjiān, space）中写下："爱情是无色的。"

讨论：

你觉得爱情是什么颜色的？

Unit 2　花心萝卜

一、词语认读 Read the words and phrases.

全

全世界 / 全美洲 / 全国 / 全市 / 全校 / 全班 / 全家

同学们全回家了。

我把这个月的钱全花完了。

夸

大家都夸她汉语说得好。

别夸她，你一夸，她就不知道她是谁了。

面前

你面前　她面前　老师面前

词典就在你面前呢。

将来

那是将来的事儿。

你将来打算干什么？

有关

这件事儿跟你有关吗？

这件事儿跟我没有关系 / 跟我无关。

我想去图书馆借有关中国历史方面的书。

本来

我本来不知道这件事儿。

今天我本来打算去看电影,没打算跟陈静去看"抓周"。

长

长大了　长大以后　长得很漂亮　长得很高

样子

生气的样子　高兴的样子　什么样子　这个样子

轻 / 重

那台旧电脑很重,这台新电脑很轻。

声音很轻 / 重

打得很轻 / 重

礼物很轻（指便宜,花钱少）

礼物很重（指贵,花钱多）

竟然

这么重要的事情,你竟然不知道。

我没想到她竟然会说汉语。

二、句子理解 Figure out the meaning of the following sentences.

1. 他一个老外懂什么呀！

   ☐ 他是老外,听不懂。

   ☐ 他是老外,不懂这里的情况。

   ☐ 他不懂老外。

2. 我想吃什么就吃什么。

   □ 我想吃点什么。

   □ 我什么都想吃。

   □ 我自己决定吃什么。

3. 什么人的礼物他都不要。

   □ 他不要别人的礼物。

   □ 有的人的礼物他不要。

   □ 他什么礼物不要?

4. 一岁看到大。

   □ 一岁的孩子只能看到大的东西。

   □ 一岁的孩子就是大人了。

   □ 从一个人小时候的样子就能看出来他长大后的样子。

5. 礼轻情义重。

   □ 礼物和情义是一样重要的。

   □ 礼物比情义轻多了。

   □ 什么样的礼物不重要,重要的是有这份心。

6. 他是一个花心萝卜。

   □ 他是一个萝卜。

   □ 他很花心。

   □ 他很热心。

7. 昨天晚上我本来是要去参加晚会的。

   □ 昨天晚上我去参加晚会了。

   □ 昨天晚上我没去参加晚会。

   □ 昨天晚上我参加晚会去晚了。

8. 你竟然不认识这个字？
   □ 我觉得你应该认识这个字。
   □ 你为什么不认识这个字？
   □ 你认不认识这个字？

9. 女孩子嘛，谁不爱巧克力？
   □ 女孩子不爱巧克力吗？
   □ 女孩子都喜欢吃巧克力。
   □ 是哪个女孩子不爱巧克力？

10. 这个小孩儿谁见谁爱。
    □ 这个小孩儿爱谁？
    □ 这个小孩儿见到谁就爱谁。
    □ 每个人都喜欢这个小孩儿。

三、短文阅读 Read the short passage.

有一家人，小孩儿一周岁生日，办了一个很大的晚会，亲戚朋友们都来祝贺。许多人送了很多礼物，当然，也说了很多祝贺的好话。这个说："这个小孩儿的面相真好，又白又胖，将来一定是个大官。"那个说："这小孩儿特别聪明，将来一定是一个大才子。"还有的人说："这孩子活泼可爱，将来一定是一个大明星。"主人听了非常高兴，一一感谢他们，还请他们吃饭喝酒。这时候，突然有一个人说："他以后会做什么，其实我们谁也不知道。但可以肯定，这个小孩儿长大以后总有一天会死的。"主人非常生气，大家就一起把这个人赶了出去。

面相	miànxiàng	facial features
大官	dàguān	high-ranking official
才子	cáizǐ	talented man
明星	míngxīng	celebrity
突然	tūrán	suddenly
其实	qíshí	actually

问题：

1. 小孩儿一周岁生日，主人做了什么？

2. 亲戚朋友们是怎么庆祝小孩子的生日的？

3. 主人为什么要请这些人吃饭喝酒？

4. 大家为什么把最后那个人赶了出去？

四、快速查阅 Fast reading

下面几张图片是一个小孩儿的作文，看看你能认出来多少字。

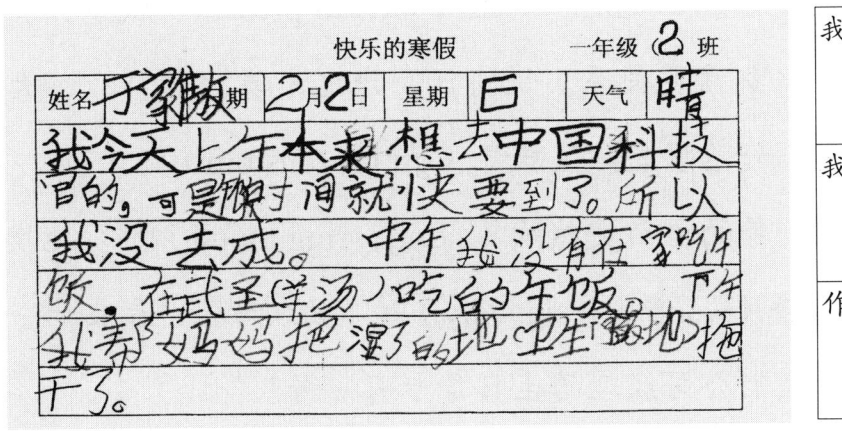

五、扩展学习 Extended reading

礼重情义重？

"80后"女孩儿刘静研究生（yánjiūshēng，postgraduate studies）

刚毕业，现在在一家公司工作。她最怕的不是工作太忙，也不是找不到男朋友，而是收到同学、同事们的请柬（qǐngjiǎn, invitation card）。

"这哪是请柬？这就是账单（zhàngdān, bill）！"刘静边说边拿出一个小本子给记者看。"这两年正赶上老同学们结婚。你看，9月份刚刚四个同学结婚，每个同学最少给了500元红包。其中有一个是我大学同屋，我给了2000元红包。礼金少了，同屋之间的情意怎么表示出来呢？这不快'十一'假期了吗？'十一'是结婚的好日子，但不是我的好日子，一天竟然就有三个结婚的。全都是同学，去参加谁的好呢？干脆（gāncuì, simply）都不去了，就在家休息。可我人不去，心意也得到啊，请别人把我的红包带了过去。这都是面子（miànzi, face）钱，我都记在本子上了。我现在就想早点把自己嫁（jià, to marry）出去，把这些钱赶快收回来。"

"同事也是，我虽然刚进公司，但是公司同事谁结婚了，谁生孩子了，谁家孩子考上大学了，都会通知（tōngzhī, to inform）大家。我虽然跟他们还不熟，但是别人都随（suí, to present）钱了，我能不随吗？现在干什么都需要关系。说实话，谁也不喜欢这样，可大家都这样做，你又怎么好意思先坏了规矩（guīju, custom）呢。"

说着说着，刘静的电话突然响（xiǎng, ring aloud）了。她摸出电话看了一眼，无奈（wúnài, resignedly）地对记者说："看来十一也不能在家休息了，我们公司经理的生日是十月一号！"

讨论：

金钱可以代表情意吗？

Unit 3 中式英语

一、词语认读 Read the words and phrases.

帮忙

帮个忙 / 帮我一个忙

要我帮什么忙?

他不肯帮忙

帮忙把这封信送给老师。

习惯

好习惯   坏习惯   生活习惯   学习习惯

不习惯   习惯了 / 还没有习惯   听习惯了 / 看习惯了

我还没有习惯这里的生活。

地道

我喜欢吃地道的四川菜。

这儿的中国菜不地道。

他是地地道道的北京人。

而且

他会说汉语,而且还去过中国。

他不会说汉语,而且他以前从来没去过中国。

他会说汉语,而且说得很好。

毕业

他是（从）北京大学毕业的。

我大学毕业十年了。

其实

他看上去有20岁，其实他今年才16岁。

我跟他说我去过英国，其实我没去过。

基本

老师说的话我基本（上）听懂了。

以前学的东西我基本（上）全忘了。

咱们学的都是基本的东西。

说不定

说不定他已经走了。

去不去现在还说不定。

二、句子理解 Figure out the meaning of the following sentences.

1. 你得把这件事记下来。

   ☐ 你记不住这件事。

   ☐ 你要记住这件事。

   ☐ 你下来我告诉你这件事。

2. 这家餐厅的羊肉很地道。

   ☐ 这家餐厅的羊肉做的菜很多。

   ☐ 这家餐厅的羊肉都是真的。

   ☐ 这家餐厅的羊肉味道很好。

3. 这件礼物她喜欢着呢。
    - ☐ 她很喜欢这件礼物。
    - ☐ 她不喜欢这件礼物。
    - ☐ 她现在正在喜欢这件礼物。

4. 她连一句汉语都不会说。
    - ☐ 她不会说很多汉语。
    - ☐ 她一点儿汉语都不会说。
    - ☐ 她的汉语不好。

5. 她总是跟同学们过不去。
    - ☐ 她和同学们过不去一个地方。
    - ☐ 她比不过她的同学们。
    - ☐ 她和她同学关系不好。

6. 他啤酒是喝不够的。
    - ☐ 他喝的啤酒不多。
    - ☐ 他的啤酒不够喝。
    - ☐ 他爱喝啤酒。

7. 他的工作最近出了一些情况。
    - ☐ 他最近工作有些忙。
    - ☐ 他工作的环境很不好。
    - ☐ 他的工作最近有些问题。

8. 说不定他的英语还没有你好。
    - ☐ 他说的英语一定没有你好。
    - ☐ 他的英语不好。
    - ☐ 他的英语可能没有你的英语好。

9. 澳大利亚是一个移民国家。

☐ 澳大利亚有很多人移民到国外。

☐ 有很多外国人在澳大利亚学习或工作。

☐ 很多澳大利亚人或者他们的祖先是从别国来的。

10. 普通话以北京语音为标准音。

☐ 北京人的普通话很标准。

☐ 北京语音是普通话的语音标准。

☐ 普通话的标准是北京话。

三、短文阅读 Read the short passage.

Nathan Chen 是美国华裔，他还有另外一个名字，叫陈家兴。陈家兴的这个名字是他爸爸给起的，希望他虽然生在美国，长在美国，但是能在美国继续让陈家兴旺下去。家兴的爸爸是从温州移民来的，妈妈是广东人，他们的普通话都不好。爸爸说普通话有温州口音，妈妈只会说广东话，所以他们在家不说温州方言，也不说广东话，只说英语。Nathan 基本能听得懂广东话，能说几句简单的普通话，可汉字呢？他连自己的名字也不会写。家兴这个暑假就要中学毕业了，家兴的爸爸叫家兴暑假去中国学中文。原因很简单，他爸爸认为，就算 Nathan 变成地地道道的美国人了，也不能忘了祖先的语言，所以家兴要学习中文。但是家兴觉得父母的想法很奇怪，为什么父母总是跟他过不去，叫他学这个学那个？说实话，家兴觉得他用不着学中文，现在世界上的人都在学英语，说不定将来中国人说的英语比他还好呢。为什么他一定要学习中文呢？

希望	xīwàng	to hope
兴旺	xīngwàng	prosperous
温州	Wēnzhōu	Wenzhou, Zhejiang Province
就算	jiùsuàn	even if

问题：

1. 陈家兴这个名字是谁起的？有什么意思？

2. 家兴会不会说普通话？为什么？

3. 家兴的爸爸为什么叫家兴暑假去中国学中文？

4. 关于学中文，家兴是怎么想的？

四、快速查阅 Fast reading

下图是某翻译公司笔译服务的基本报价。请看图后回答问题。

服务项目	价格		
	普通级	标准级	专业级
中译英	180 元/千字	380 元/千字	500 元/千字
英译中	150 元/千字	280 元/千字	400 元/千字
小语种互译	400 元/千字	600 元/千字	750 元/千字
稀缺语种互译	700 元/千字	900 元/千字	面议
文件格式转换	非 WORD 格式转换加收 20 元/千字		

问题：

1. 请专业级翻译把 2000 字的中文文章翻译成英文，翻译费用是 _____ 元。

2. 请标准级翻译把3000词的英文文章翻译成中文，翻译费用是_____元。

3. 请专业级翻译把4000词的小语种文章翻译成中文，翻译费用是_____元。

4. 请普通级翻译把4000字的中文文章翻译成稀缺语种，翻译费用是_____元。

五、扩展学习 Extended reading

中国式移民

温州的林先生的移民经历很有意思。林先生本来在温州有一家皮具（píjù，leatherware）厂，不过因为环保（huánbǎo，environmental protection）越来越严格、人工费用上涨等各种原因，林先生无奈关了厂子。在上海听了几场美国投资（tóuzī，to invest）移民的介绍会后，他就有了移民美国的想法。

林先生最崇拜（chóngbài，to adore）的是美国的教育，一心想把儿女送到美国去接受教育，按照林先生的说法：看看人家美国人，毕不了业的大学生都是世界上最牛的。这是在说比尔·盖茨（Bǐ'ěr Gàicí，Bill Gates）和乔布斯（Qiáobùsī，Steve Jobs）呢！

林先生找到了一家美国华裔开的中介（zhōngjiè，agency）公司帮忙，投资了底特律（Dǐtèlǜ，Detroit）市的一个房地产（fángdìchǎn，real estate）项目，中介也帮他拿到了绿卡。可林先生一到美国就傻眼（shǎyǎn，be shocked）了，为啥？这个项目在一个郊区，那里的人整天就知道一边唱着RAP一边闲逛。一到晚上，林先生就听到警笛（jǐngdí，siren）来来回回地响，根本没法睡。

林先生是个聪明的商人，知道自己上当了：钱都被华人开的中介公司骗走了，老美也把他当成了取款机（qǔkuǎnjī, cash machine, ATM）。

林先生的美国移民梦黄了以后，又抱着一颗移民的心转投意大利。意大利的温州老乡多，所以林先生关系也不少。林先生拿到了意大利国籍，在意大利又干起了皮具厂，把印着 Made in Italy 的皮具卖到中国国内，生意竟然出奇地好。从此林先生长驻上海，当起了中国式移民，在中国做一个外国人。儿女也因为有意大利国籍，顺利地进了上海美国领事馆（lǐngshìguǎn, consulate）办的上海美国学校（Shanghai American School）。林先生终于实现（shíxiàn, to realize）了孩子教育的美国梦。

讨论：

你觉得移民都有什么好处和坏处？

Unit 4　各有所爱

一、词语认读 Read the words and phrases.

原来

这个地方原来没有湖。（现在有了）

他原来是一家公司的老板。（现在不是）

我原来不喜欢看京剧。（现在喜欢了）

原来你就是王老板啊。

怪不得你对那儿很熟悉，原来你以前在那儿工作过。

迷

不知道从什么时候开始，他迷上了足球。

我们都被精彩的表演迷住了。

只要

只要你打个电话，就会有人给你送来。

只要好好学，就一定能学会。

难道

难道你也不知道这件事？

难道看看也不行吗？

我这样做难道错了吗？

不管

不管是谁，上课的时候都不能抽烟。

不管在哪儿，都可以上网。

为了

为了来美国留学，他天天学英语。

为了完成老师的作业，我昨天晚上只睡了三个小时。

陈静这样做都是为了男朋友。

联系

到美国来以后，我还没和朋友联系过。

大学毕业以后，我们从来没有联系过。

你跟他们联系一下，看他们什么时候有空儿。

咱们怎么联系呢？／咱们电话联系吧。

愿意

他不愿意这样做。

你愿意吗？

他有钱，但是不愿意借给别人。

拒绝

总统拒绝回答这个问题。

他提出的要求被拒绝了。

偶尔

我喜欢看足球比赛，偶尔也看篮球比赛。

那儿的中国人比较少，不过偶尔也能看见一些。

二、句子理解 Figure out the meaning of the following sentences.

1. 这有什么不好意思的？

   ☐ 这很不好意思。

   ☐ 这不用不好意思。

   ☐ 这个意思不好吗？

2. 你不是最喜欢吃牛肉吗？

   ☐ 你最不喜欢吃牛肉吗？

   ☐ 你是不是最不喜欢吃牛肉？

   ☐ 我觉得你应该最喜欢吃牛肉。

3. 小王是一个地图迷。

   ☐ 小王看不懂地图。

   ☐ 小王很喜欢地图。

   ☐ 小王看着地图也会迷路。

4. 我才明白，原来是这样！

   ☐ 我不知道原来的样子。

   ☐ 我原来不明白，现在才明白。

   ☐ 我一直都明白原来的样子。

5. 关于爱好，我和他是萝卜青菜，各有所爱。

   ☐ 我爱吃萝卜，他爱吃青菜。

   ☐ 我好像萝卜，他好像青菜。

   ☐ 我们两个人的爱好不一样。

6. 我怎么可能会不感谢她呢?

    ☐ 我不会感谢她。

    ☐ 我可能会感谢她。

    ☐ 我一定会感谢她。

7. 白马不也是马吗?

    ☐ 白马不是马。

    ☐ 白马也是马。

    ☐ 白马是不是马?

8. 我跟你真是聊不到一起去。

    ☐ 我跟你不能一起去聊天。

    ☐ 我听不懂你的话。

    ☐ 我们两个人谈不来。

9. 为了去欧洲留学,他学习很努力。

    ☐ 因为去欧洲留学,他学习很努力。

    ☐ 他想去欧洲留学,所以他学习很努力。

    ☐ 他学习很努力,才去了欧洲留学。

10. 不管是谁叫他出去玩,他都一一拒绝。

    ☐ 谁都不叫他出去玩。

    ☐ 别人拒绝叫他出去玩。

    ☐ 他拒绝跟别人一起出去玩。

三、短文阅读 Read the short passage.

现在很多人喜欢下班以后去体育馆打球、游泳、锻炼身体。还有人在天气好的时候喜欢到外面爬山、徒步、野餐什么的。可是也有人从来不运动，周末就待在家里吃饭、睡觉、看电视。这些人把自己叫作"宅男"。我觉得"萝卜青菜，各有所爱"，喜欢野在外面的，喜欢宅在家里的，都没有问题。比如说我，我是一个"足球迷"，最爱踢足球，但不是在球场踢，而是在电脑上踢。躺在沙发上，打开电脑，一边喝啤酒一边踢足球，没有比这更爽的了。我觉得吧，不管怎样，只要自己开心就好，难道一定要找够另外二十一个人才能踢足球吗？

徒步	túbù	go hiking
野餐	yěcān	have a picnic
宅男	zháinán	homebody
爽	shuǎng	feeling great

问题：

1. "宅男"是什么样的人？
2. "我"最大的爱好是什么？
3. "我"觉得在电脑上踢足球有什么好处？

四、快速查阅 Fast reading

下图是2015年国际田联世界田径锦标赛的一张赛程表。请看图后回答问题。

2015年8月22日				
北京时间	性别	项目	轮次	战报
07:35	男	马拉松	决赛	金牌
09:00	女	100米跨栏	七项全能	
09:30	男	链球	资格赛A组	
10:10	女	铅球	资格赛	
10:20	女	跳高	七项全能	
10:25	男	3000米障碍赛	预赛	
10:55	男	链球	资格赛B组	
11:15	女	1500米	预赛	
11:50	男	800米	预赛	
12:40	男	100米	预赛	
18:30	女	铅球	七项全能	
18:35	男	400米跨栏	预赛	
18:40	男	撑杆跳高	资格赛	
19:10	女	三级跳远	资格赛	
19:20	男	100米	预赛	
20:05	女	铅球	决赛	金牌
20:15	女	200米	七项全能	
20:50	男	10000米	决赛	金牌

问题：

1. 第15届国际田联世界田径锦标是在_____这个城市举办的。

2. 这是8月_____日的赛程表。

3. 北京时间_____点_____分是男子撑杆跳高资格赛。

4. 当天的比赛有_____场决赛。

5. 当天的比赛有_____场预赛。

五、扩展学习 Extended reading

跳个痛快

这个夏天，上海迎来一位来自英国的大明星——憨豆先生（Hāndòu Xiānsheng, Mr. Bean）。憨豆先生来到上海世博（Shìbó, World Exposition）广场，看到正在跳舞的中国大妈们，竟然也 hold 不住（流行语，意思是"把持不住"）了，跟大妈们一起比赛跳起了广场舞。

也不知道究竟是什么时候，突然中国几乎所有大大小小的广场一夜之间就被大爷大妈们占领（zhànlǐng, to occupy）了。"广场舞简单好学，我们老人既锻炼了身体，又认识了伙伴儿，多好！""对，你们年轻人可以去网吧、去酒吧，我们老人去哪儿？""我们都这个年纪了，就是要跳个痛快（tòngkuai, to one's heart's content）！"

但并不是所有人都喜欢广场舞。我的一个朋友，她住的小区有两支广场舞队伍（duìwǔ, team），一支起得早，一支睡得晚，不管星期几，每天早上七点、晚上七点准时开始放歌跳舞。喇叭（lǎba, loudspeaker）别看小，声音可真大，从《最炫民族风》到《江南 Style》，来回不停地放，搞得她早上睡不着，晚上也睡不着。有一天，她发现自己上小学的女儿在边写作业边哼（hēng, to hum）着"老婆最大老公最二……我要给你生个小孩儿"。一问，原来孩子是跟着楼下广场舞学的歌。这可把她气坏了。她报了警，警察说管不了；她找环保局，环保局也说不归（guī, be in charge）他们管。可不管怎么说，也"不能因为他们百分之一的人，影响（yǐngxiǎng, to influence）了百分之九十九的人啊"。

其实，要我说，大妈们有跳舞的权利（quánlì, right），居民们也有拒绝正常生活被干扰（gānrǎo，to disturb）的权利。谁都没有错。问题的关键（guānjiàn，key）是我们这个已经进入老龄化的社会，能不能提供（tígōng，to provide）给老年人更多娱乐休闲的方式。

讨论：

你有什么好办法解决广场舞扰民的问题？

Unit 5　找不着北

一、词语认读 Read the words and phrases.

收拾

收拾房间　收拾衣服　收拾书包

我的房间太乱了,需要收拾一下。

把你的书包收拾一下。

根本

我根本(就)没见过这个人。

他根本就不想帮我们(的忙)。

这事儿我根本(就)不知道。

我根本没想到事情会变成这样。

准备

准备出发　准备去旅行　准备比赛　做准备

我准备跟朋友一起去中国旅行。

准备好了吗?

包括

我们班一共有16位同学,包括10位女同学,6位男同学。

"西方八国集团"包括日本吗?

除非

除非有很特别的原因，他才不去上课。

你肯定可以去，除非你自己不想去。

自从

自从来美国以后，我就没喝过酒。

于是

他听朋友说加拿大很好，移民很方便，于是就来了。

杰克觉得抓周很有意思，他想看看是怎么回事，于是就跟陈静一起去了。

感觉

有感觉　没感觉　感觉到了/没感觉到

自我感觉很好

这只是我的感觉。

你感觉怎么样？

跟着感觉走。

的确

我的确不知道他住在哪儿。

这件事儿的确不是他干的。

实在

我实在不想去。

实在对不起。

了解

要真正了解一个人很难。

我不太了解那儿的情况。

我觉得很多人不了解真正的中国。

二、句子理解 Figure out the meaning of the following sentences.

1. 我一进火车站就找不着北。
   - ☐ 我不知道火车站北怎么走。
   - ☐ 我在火车站里不知道北边在哪儿。
   - ☐ 我在火车站里容易迷路。

2. 这些东西你吃不了的可以带走。
   - ☐ 吃不完的东西可以带走。
   - ☐ 你吃完了的东西可以带走。
   - ☐ 你吃完了以后，带走这些东西。

3. 不让我去？你说这话是什么意思？
   - ☐ "不让我去"这句话的意思是什么？
   - ☐ 你为什么不让我去？
   - ☐ 你说"不让我去"，我没听懂你的意思。

4. 你别什么都带上。
   - ☐ 你带不了什么。
   - ☐ 你什么都别带。
   - ☐ 你可以带一些东西。

5. 整天没事的人有的是。

　　□ 有的人整天没事。

　　□ 有不少人整天没事。

　　□ 没有人整天有事。

6. 这个周日我还要跑一趟学校。

　　□ 这个周日我要跑到学校。

　　□ 这个周日我要到学校跑步。

　　□ 这个周日我要去一次学校。

7. 不到长城非好汉。

　　□ 到长城的人不好。

　　□ 没去过长城的人都不是好人。

　　□ 去了长城的人才能算是英雄。

8. 我谁也不是，我就是我自己。

　　□ 我不是谁。

　　□ 我自己不是谁。

　　□ 我只想好好做自己。

9. 她一个小孩儿，怎么走得了这么远的路？

　　□ 她是一个小孩儿，不能走路。

　　□ 她太小了，走不了这么远。

　　□ 她有小孩儿，不能走得太远。

10. 人怎么过都是一辈子，别太累了。

　　□ 人生很长，但是不累。

　　□ 不管怎么过，人生并不长。

　　□ 人的一生应该轻松一些。

Unit 5

三、短文阅读 Read the short passage.

马克带着四大包行李登上了飞往北京的飞机。在读完一本《中国历史》，看了三个功夫电影，吃了四顿宫保鸡丁，睡了十辈子以后，飞机终于降落在北京机场。还没下飞机，马克就激动起来了，他马上就能看到故宫、天坛，还有长城了！这一趟中国之旅就是自己的时间旅行，带他从现代世界回到古老的过去。可一下飞机，马克就找不着北了。他从来没有见过这么现代化的机场！这哪是回到过去，根本就是来到未来世界。看着不远处的商场和希尔顿酒店，马克总感觉自己是不是坐错了飞机，真正的北京在哪儿呢？

功夫	gōngfu	martial arts, kung fu
宫保鸡丁	gōngbǎojīdīng	Kung Pao Chicken
降落	jiàngluò	to land
激动	jīdòng	excited
希尔顿	Xī'ěrdùn	Hilton (Hotel)

问题：

1. 马克带的行李多吗？你觉得为什么他要带四大包行李？

2. 马克在飞机上都做了什么事？

3. 为什么还没有下飞机，马克就激动起来了？

4. 为什么马克一下飞机就找不着北了？

5. 马克觉得真正的北京是什么样的？

四、快速查阅 Fast reading

2014年，北京对公交地铁票价进行了调整，请看图后回答问题。

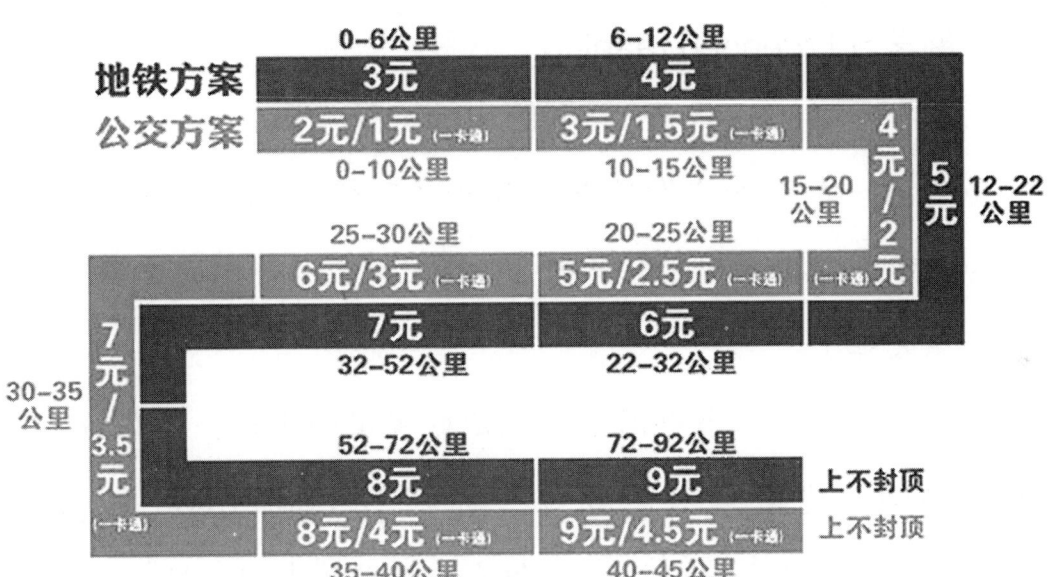

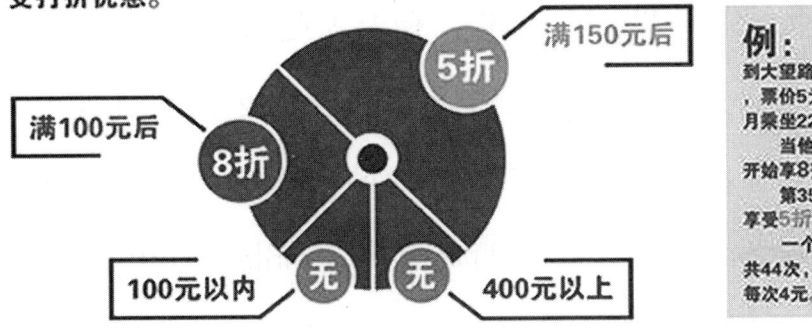

问题：

1. 张三 2015 年有一次在北京坐地铁，坐了 8 公里，地铁票花了 _____ 元。

2. 张三 2015 年有一次在北京坐公交车，坐了 10 公里，使用了一卡通普通卡刷卡，花了 _____ 元。

3. 张三 2015 年 10 月在北京坐了 25 次地铁，每次都坐 18 公里，那么他这个月一共花了 _____ 元在地铁上。

五、扩展学习 Extended reading

我眼中的中国

当你问一个老外"你对中国有什么了解"，他通常（tōngcháng, usually）可能回答："中国是一个神奇的国家，有好吃的中国菜。还有，汉语实在太难了。"

在我眼中，有三个中国。一个是电视里的中国：人们说着 CBD、GDP、RMB，建着高楼、高铁、高压线（gāoyāxiàn, high-tension line），过着幸福快乐的生活。一个是电脑里的中国，环境差、牛奶假（jiǎ, fake）、网络卡（kǎ, lagging），人们的压力一个比一个大。可对我来说，真正的中国是身边的中国。

跟大多数中国人一样，每天早上我七点起床，起来先喝杯温水，然后去公园跟大爷大妈们一起锻炼身体，在街边的早点店吃我最喜欢的猪肉包子，再花一块钱坐半个小时的公交去上班。白天在公司认真工作，大部分同事是比我聪明和勤奋（qínfèn, diligent）的年轻人，我们有时候说英语有时候说汉语，中午大家一起吃饭，AA 制

（AA zhì, split the bill）。五点下班，回家的路上逛超市买菜。我一般做西餐，但也学会了几道中国菜。晚饭后我给自己安排（ānpái, to arrange）点娱乐，和邻居一起散散步或者打打球，也会上上网跟家人聊聊天，然后晚上早点睡觉。我的生活很简单也很平凡（píngfán, ordinary），我满足（mǎnzú, be satisfied）我的现在也能看到我的未来。我眼中的中国，并没有什么特殊，不一样的故宫、长城，一样的日出日落，春夏秋冬。

讨论：
你眼中的中国是什么样的？

Unit 6　保持联系

一、词语认读 Read the words and phrases.

耐心

我们的老师很有耐心。

我学什么都没有耐心，所以什么也学不会。

老师总是耐心地回答我们的问题。

方面

学习方面　生活方面　经济方面　中国方面　加拿大方面

在学习方面有什么问题，你可以问老师。

陈静觉得她男朋友各方面都不错。

虽然

虽然他有点不愿意，但是也只好同意了。

虽然我没去过中国，但是我在中国有好几个朋友。

相信

请相信我，我一定想办法帮助你。

我不相信陈静的男朋友真的会把红叶当生日礼物。

其中

我这个月赚了 500 块钱，不过其中 400 块已经花了。

我们班一共有 5 个日本同学，其中 3 个是女孩子。

碰

我昨天在街上碰见了小张。

倒霉的事儿全让我碰上了。

几乎

商店里几乎全是人。（人很多）

商店里几乎没有人。（人很少）

轻松

我现在的工作很轻松。

考完试了，我觉得很轻松。

今天的工作不多，轻轻松松就完成了。

下班了，咱们也该轻松轻松了，走，喝酒去。

二、句子理解 Figure out the meaning of the following sentences.

1. 让您久等了。

    ☐ 请您等一会儿。

    ☐ 有人让您等等。

    ☐ 我让您等了很长时间。

2. 这件事不是一两句话能说清楚的。

    ☐ 这件事儿说不清楚。

    ☐ 这件事儿比较复杂。

    ☐ 这件事儿得多说一句。

3. 这个小孩儿才两岁，还有点怕人。
   - ☐ 这个小孩子太小了，不太敢见别人。
   - ☐ 小孩子虽然才两岁，但别人都怕他。
   - ☐ 这个两岁的小孩子有点儿怕大人。

4. 假期里到处都是人山人海。
   - ☐ 假期的时候，人们去爬山去海边。
   - ☐ 假期的时候，哪儿都是人。
   - ☐ 假期的时候，人们游山玩水。

5. 夜里去钓鱼，这种事还真新鲜。
   - ☐ 夜里去钓鱼的人很少。
   - ☐ 夜里去钓鱼，钓到的鱼很新鲜。
   - ☐ 只有在夜里才能钓到新鲜的鱼。

6. 嗓子疼是老师的一种职业病。
   - ☐ 老师们常常嗓子疼。
   - ☐ 别的职业的人不会嗓子疼。
   - ☐ 老师的职业是治嗓子疼的。

7. 我怎么就没有他这么好的运气呢？
   - ☐ 我的运气怎么没有他的运气好呢？
   - ☐ 他的运气为什么没有我的运气好？
   - ☐ 我怎么可能有像他这么好的运气？

8. 如果你不快乐，那就出去走走。
   - ☐ 不要一个人待在家里，有时间去外面走走。
   - ☐ 如果你不快乐，就走到外面去。
   - ☐ 出去旅行可以让你变得快乐。

9. 我怀疑他拿了我的东西。

   ☐ 我不知道他拿没拿我的东西。

   ☐ 我觉得是他拿了我的东西。

   ☐ 我认为他没有拿我的东西。

10. 他几乎不相信任何人。

    ☐ 他谁也不相信。

    ☐ 他相信任何人。

    ☐ 他不大相信别人。

三、短文阅读 Read the short passage.

亲爱的林娜妹妹：

　　来信收到，很高兴你一切都好。

　　告诉你一个好消息！我的签证已经办好了。上周去大使馆办的，大使馆里面也是人山人海，但是签证官很热情，也很有耐心。刚开始的时候，我还怕自己的英语不好。但是签证官几乎没问什么问题，就看了看我的材料，然后用中文告诉我，我通过了。真开心，很快就能去找你玩了。

　　你们什么时候放假？我买哪天的机票比较好？我是第一次去美国，你最好能到机场接我。

　　明尼苏达的天气冷，你注意身体。

平平
2012 年 11 月 25 日

大使馆	dàshǐguǎn	embassy
签证官	qiānzhèngguān	visa officer
材料	cáiliào	material
通过	tōngguò	to pass
注意	zhùyì	pay attention to

问题：

1. 这是谁写给谁的信？

2. 平平的签证办得顺利吗？

3. 为什么平平要问林娜什么时候放假？

4. 平平叫林娜要注意什么？

四、快速查阅 Fast reading

下图是一张中国火车票票样。请看图后回答问题。

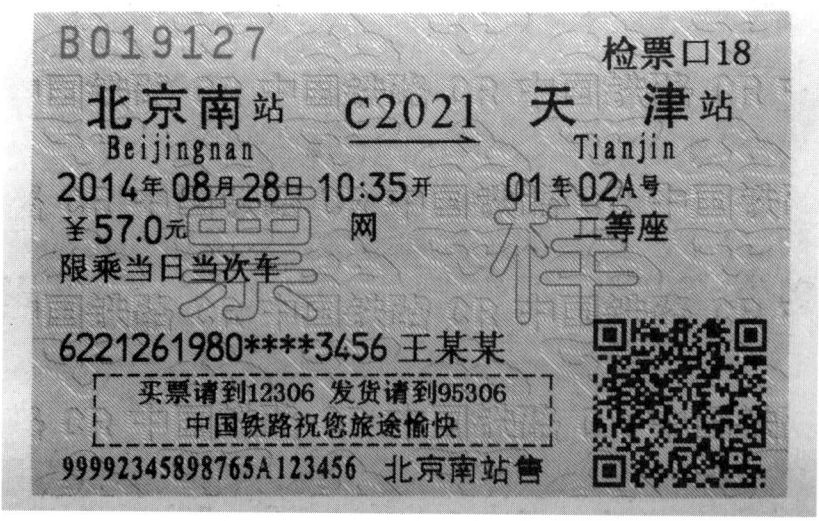

问题：

1. 这是旅客_____的火车票。

2. 这个人要坐火车从_____站到_____站。

3. 这张火车票是在 _____ 站售出的。

4. 这个人的座位是 _____ 车 _____ 号。

5. 火车的车次是 _____。

五、扩展学习 Extended reading

文化休克

因为在外贸（wàimào，foreign trade）公司工作，老张认识了不少外国人。这个周末，老张决定请他们都来自己家里做客。老张为客人们做了他最拿手（náshǒu, good at）的鱼汤，每人一碗。看着大家很快都喝完了，老张问客人们："够不够，要不要再来一碗？"别的客人都说："够了，够了。谢谢。"只有阿里，一位来自非洲国家的先生满面笑容（mǎnmiàn xiàoróng，smile broadly）地说："好的，好的。"等阿里喝完第二碗，老张又问："要不要再来一碗？"阿里依然满面笑容地说："好，谢谢！"这第三碗汤，阿里喝得明显有一些困难。但当老张问他要不要再来一碗的时候，阿里又点头（diǎntóu, to nod）说："好吧。"第四碗还没有喝完，阿里却撑（chēng, be overstuffed with food）得倒在地上，几乎休克（xiūkè, have a shock）了。这可把老张吓坏了。

其实阿里不是食物休克，而是文化休克。在一些非洲国家的文化中，只要主人劝客人用餐（yòngcān, to eat），客人是不能拒绝的。而在中国文化中，主人又是必须热情劝客人用餐的。这两种不一样的文化碰上了，难免出现此类"休克"。你说这到底是阿里的错还是老张的错呢？

讨论：

你碰上过什么"文化休克"吗？

Unit 7　天下一家

一、词语认读 Read the words and phrases.

决定

我还没有决定什么时候去。

我已经决定了。

这是总统的决定，谁也不能改变。

坚持

她坚持每天学一个小时汉语，已经坚持两年了。

她坚持要走，我们也没有办法。

对不起，我实在坚持不下去了。

讲究

他吃的、穿的都很讲究。

我对吃没有什么特别的讲究。

玩笑

这只是一个玩笑。

她不喜欢别人跟她开玩笑。

谁会拿这种事开玩笑。

吓

你可别吓我。

看你，把孩子吓哭了。

你看，孩子被你吓哭了。

一般

我一般都在家里吃饭。

在中国，坐公共汽车一般都刷卡。

希望

父母都希望自己的孩子将来有出息。

移民的事儿还有一点希望。

只要还有希望，我就会坚持下去。

除了

除了星期天（以外），我每天都有课。

除了篮球以外，他什么球都不喜欢。

除了篮球以外，他还喜欢棒球。

认为

他认为爱情可以用钱来表达。

我认为你这样做是不对的。

怪

这事儿不能怪别人，只能怪我自己。

他怪我没早点儿把这事儿告诉他。

二、句子理解 Figure out the meaning of the following sentences.

1. 他要请我吃饭？真是太阳从西边出来了。

☐ 他要请我吃饭，这件事让人惊喜。

☐ 他请我吃饭，这件事非常奇怪。

☐ 他要请我吃饭，这件事让人激动。

2. 麻烦你等一下。

☐ 等着很麻烦。

☐ 你不想太麻烦。

☐ 请你等一会儿。

3. 我想不出来周末去哪儿玩。

☐ 我不知道周末应该去哪儿玩。

☐ 周末的时候，我不想出来玩。

☐ 周末去过哪儿玩，我都想不起来了。

4. 中国人取名字很有讲究。

☐ 中国人取的名字都很特别。

☐ 中国人取什么名字，都要说得明白。

☐ 中国人觉得取什么名字是个重要的问题。

5. 大家都喜欢跟老张开玩笑。

☐ 大家都喜欢逗老张。

☐ 大家都觉得老张很好笑。

☐ 大家都喜欢跟老张一起玩。

6. 五百年前，我跟你还是一家人呢！

☐ 我跟你是同乡。

☐ 我跟你是同姓。

☐ 我和你很早就认识了。

7. 哪个老师不希望自己的学生学得好呢?

   ☐ 哪个老师希望自己的学生学得好?

   ☐ 每个老师都希望自己的学生学得好。

   ☐ 哪个老师的学生不希望自己学得好?

8. 他最近没有一件顺心的事情。

   ☐ 最近的事情都让他不开心。

   ☐ 最近他没有什么事情担心。

   ☐ 最近没有一件事情是他关心的。

9. 这件事谁也不怪。

   ☐ 这件事没有人有错。

   ☐ 这件事谁不觉得奇怪?

   ☐ 这件事谁觉得不奇怪?

10. 他的这些做法都是从国外学来的。

    ☐ 他去国外学习这些做法了。

    ☐ 他向国外学习了这些做法。

    ☐ 他正在国外学习这些做法。

三、短文阅读 Read the short passage.

我姓王,名刚,同学们一直叫我王刚。直到这个新学期,我们班又来了一个王刚。他比我个子高,所以老师决定叫他大王刚,叫我小王刚。不过,在我们家,我可是大王。我爸呢,他是老王。我以后有了儿子,就给他取名叫王中王,这名字多响亮呀。要是生的是女儿呢,就叫她王中玉。"王中王"这名字好是好,不过,比起"王中玉"来,还差一点儿。

个子	gèzi	height
矮	ǎi	short

问题：

1. 为什么老师叫"我"小王刚？

2. 你觉得"大王"是什么意思？

3. "我"以后有了儿子，打算给他起什么名字？为什么？

4. "我"以后有了女儿，打算给她起什么名字？

5. 为什么说"王中王"这名字比起"王中玉"来还差一点儿？

五、快速查阅 Fast reading

这是几幅签名册的图片。看图片，回答问题。

问题：

1. 一共有 ____ 个人的签名。

2. 签名中，有 ____ 个人可能不是中国人。

3. 签名中，有可能是女性的是 _____。

五、扩展学习 Extended reading

要不要取外国名字？

昨天我的英文老师 Goodson 先生问了我一个很有趣的问题："中国人为什么喜欢取英文名字？"他说他以前在国外教书的时候，班里的学生来自世界各地，印度（Yìndù, India）学生有印度的名字，欧洲学生有欧洲的名字，非洲学生有非洲的名字。但是大部分中国学生都有一个英文名字。

我说可能是因为中文名字的发音不容易让外国人读出来，所以取个英文名。另外，有一个英文名可能感觉更时尚（shíshàng, fashionable）吧。

Goodson 老师还是无法理解（lǐjiě, to understand），因为他觉得名字就是一个人身份（shēnfèn, identity）的象征，别人读起来困难是别人的问题，自己有名字不用，起一个英文名字，真没有必要（bìyào, necessary）。再说有的名字还很奇怪。他碰到过叫 Lucky 的，叫 Candy 的，竟然还有叫 Sexy 的。

这真是一个有趣的问题。我也有英文名字，我的朋友大都有一个英文名字。我们觉得很正常，大家叫起来既方便又时尚，为什么中国人就不能起一个英文名字呢？像 Goodson 先生不是也有中文名字吗？如果他嫌（xián, to dislike）"好儿子"这个名字不够地道，他可以改成"俊生"什么的。

讨论：
你有没有中文名字？为什么起这个名字？

Unit 8　端午传说

一、词语认读 Read the words and phrases.

前后

春节前后，中国的交通非常紧张。

开学前后是我们最忙的时候。

关心

他一点也不关心孩子。

总统根本不关心普通人的生活。

当时

我当时没想到这个问题。

当时我就跟他说，不能这么做，可他不听我的话。

后来

那件事后来怎么样了？

后来我喝醉了，江山把我送回了家。

突然

他突然哭了起来。

突然，一条狗从树林里跑了出来。

事故发生得很突然。

结婚

他和妻子是十年前结婚的。

他结过两次婚。

后来小王没有跟小张结婚。

劝

你别劝他，劝也没有用。

朋友们都劝我不要一个人去那里旅行。

按照

按照学校的规定，谁也不能在教室吸烟。

你应该按照老板的话去做。

对手

没想到两个好朋友后来成了对手。

喝酒你不是他的对手。

二、句子理解 Figure out the meaning of the following sentences.

1. 你怎么搞的？这么一点事都办不好。

    ☐ 你这件事儿是怎么办的？

    ☐ 这件事你不可能办好。

    ☐ 这么一点小事，你不应该没办好。

2. 那就这样吧。看来我们俩结不了婚。

    ☐ 我们俩不可能结婚。

    ☐ 我们俩这样是结不了婚的。

    ☐ 我们既然结不了婚，就不要这样了。

3. 什么人的礼物他都不要。

   ☐ 他不要别人的礼物。

   ☐ 有的人的礼物他不要。

   ☐ 他不要什么礼物？

4. 他一个和尚要这么多钱干什么？

   ☐ 他是一个和尚，要怎么花这么多钱呢？

   ☐ 他是一个和尚，有钱也不知道怎么花。

   ☐ 他是一个和尚，不应该要这么多钱。

5. 这你就不懂了吧。

   ☐ 看来你不懂这个。

   ☐ 你不懂这个，真笨。

   ☐ 我给你解释一下这个问题。

6. 这位姑娘看上了那个小伙子。

   ☐ 这位姑娘看见了那个小伙子。

   ☐ 这位姑娘喜欢上了那个小伙子。

   ☐ 这位姑娘跟那个小伙子结婚了。

7. 很多小吃店都是夫妻店。

   ☐ 很多夫妻都喜欢吃小吃。

   ☐ 很多小吃店都是为夫妻开的。

   ☐ 很多小吃店都是夫妻两个人开的。

8. 要说打乒乓球，你们队根本不是我们队的对手。

   ☐ 我们两个队不打乒乓球。

   ☐ 打乒乓球，你们队打不过我们队。

   ☐ 我们两个队应该友好合作，一起打乒乓球。

9. 不要迷信龙，龙只不过是一个传说。

☐ 传说中没有龙。

☐ 龙是不可相信的。

☐ 龙只在传说中才存在。

10. 爸爸正在跟儿子玩躲猫猫游戏。

☐ 爸爸和儿子一起跟猫做游戏。

☐ 儿子很害怕猫，总躲着猫，而爸爸不害怕。

☐ 爸爸跟儿子在玩游戏，一个人躲，一个人找。

三、短文阅读 Read the short passage.

再过两天就是端午节了，白小红决定请江山品尝端午节最有代表的食物——粽子。当年，人们因为担心屈原的身体会被河里的鱼吃掉，就往水里投一种食物，这就是现在的粽子。小红带着江山来到了中国城。中国城的粽子很多，有猪肉粽、鸡肉粽、红枣粽、豆沙粽，等等。小红喜欢吃肉粽，江山爱吃甜的，他吃了一个红枣粽，一个豆沙粽。小红告诉江山，在老家的时候，她的奶奶每年端午节一定会包粽子，奶奶包的粽子比这里的粽子好吃多了。

品尝	pǐncháng	to taste
红枣	hóngzǎo	Chinese date
豆沙	dòushā	bean paste

问题：

1. 快端午节了，白小红决定请江山吃什么？

2. 粽子是怎么来的？

3. 粽子有哪些口味?

四、快速查阅 Fast reading

下面是一张超市海报,根据海报回答问题。

问题:

1. 按照海报,2015年端午节是 ___ 月 ___ 日。

2. 本超市端午促销日期到 ___ 月 ___ 日。

3. 在促销日期内,购买30元的包装类粽子,只需要付 ___ 元。

4. 按照这份海报，如果使用微信支付，购买 50 元的商品，只需要付 ____ 元。

五、扩展学习 Extended reading

白蛇、许仙、法海谁错了？

中国人几乎没有不知道《白蛇传》这个传说的。白蛇和许仙的美丽爱情故事感动了许多人，但一说起法海，大家都骂（mà, to condemn）："白蛇与许仙一家人过得好好的，为什么法海要多管闲事呢？"

但白蛇、许仙、法海，到底谁错了呢？

对法海来说，他是一个和尚，代表佛法和规矩（guīju, rule）。白蛇是妖（yāo, devil），许仙是人。怎么能让妖跟人在一起？这不是坏了规矩了吗？这样看来，法海把白蛇压在雷峰塔下，不仅没有错，还是正义（zhèngyì, righteous）的行为。

对许仙来说，他只是一个普通的平常人，想娶一个美丽的妻子，过平静的生活。白蛇满足了许仙的愿望，但是许仙并不知道白蛇是妖。所以许仙骗（piàn, to cheat）白蛇喝酒也没有什么错。作为丈夫，他当然有权利（quánlì, right）知道自己的妻子到底是人还是妖。

对白蛇来说，她是一个妖，但是她是一个善良（shànliáng, kind-hearted）的妖。她勇敢（yǒnggǎn, brave）地追求自己的爱情，终于嫁给了许仙。但为了爱情，她又不可能告诉许仙自己是蛇妖。这既是为了自己的爱情，也是为了许仙好。

照此来看，似乎没有人有错了。可为什么这么多人骂法海？原因就在于法海只懂书上的规矩，不懂人间的爱。为了爱，白蛇不断改变，努力想做一个好人。法海不应该再把白蛇的出身当成一种原罪（yuánzuì, original sin）。我们的社会，应该允许人们通过努力改变自身的命运（mìngyùn, fate）。

讨论：

你觉得法海错了吗？

Unit 9　夫子搬家

一、词语认读 Read the words and phrases.

绝对

我绝对没说过这样的话。

这事儿绝对是他干的。

替

今天张老师不舒服，王老师替他给我们上课。

我的朋友已经在上海替我订了一个房间。

麻烦你替我（向老师）请个假。

要是看到好书，替我买一本回来。

别说

别说中国了，就连亚洲我都没去过。

这个问题大人也不会回答，别说孩子了。

关于

关于这个问题，我现在很难给你回答。

关于西湖，我听说过一个美丽的爱情故事。

印象

我十年前去过那儿，现在已经没有印象了。

第一印象很重要。

忍不住

我实在忍不住了,就站起来走了。

他听了这个故事,忍不住哈哈大笑。

至少

参加他的生日晚会的至少有100人。

你至少应该给父母打个电话,告诉他们你在哪儿。

显得

看到我们,他显得很高兴。

他们第一次参加比赛,所以显得有些紧张。

尤其

你穿这身衣服尤其漂亮。

汉语很难学,尤其是汉字。

居然

你居然不听老板的话,等着瞧吧。

我已经跟你说过三次了,你居然还没记住。

二、句子理解 Figure out the meaning of the following sentences.

1. 要我跟他比赛?肯定是"孔夫子搬家——尽是书"。

☐ 我跟他比赛搬书。

☐ 我肯定比不过他。

☐ 我跟他比赛给孔夫子搬家。

2. 学而时习之。

   □ 有时候学习，有时候练习。

   □ 学习了的东西要用在实际中。

   □ 学过了的东西要常常练习。

3. 有朋自远方来，不亦乐乎?

   □ 去远方看望朋友，是很快乐的。

   □ 有一位远方来的朋友不太快乐。

   □ 有朋友从远方来，不是一件值得高兴的事情吗?

4. 一个在南，一个在北，我看他们俩不会有什么结果。

   □ 南方人和北方人，性格很不一样，不会交上朋友。

   □ 一个人在南方，一个人在北方，他们俩不知道怎么办。

   □ 一个在南方工作，一个在北方工作，我觉得他们俩不可能结婚。

5. 别说买房子了，他吃饭都困难。

   □ 他没有钱吃饭。

   □ 他钱很少，根本买不起房子。

   □ 不要跟他说买房子的事，那不可能。

6. 我不敢看，但又忍不住不看。

   □ 我不敢看，也不敢不看。

   □ 我想看又不敢看。

   □ 我忍住了不看。

7. 那个商店的东西便宜是便宜，可是质量不怎么样。

   □ 那个商店的东西又好又便宜。

   □ 那个商店的东西便宜，但不太好。

   □ 那个商店的东西既不好，也不便宜。

8. 一分价钱一分货。
   - ☐ 东西越好就越贵。
   - ☐ 一分钱的东西不会好。
   - ☐ 每样东西都是一分钱。

9. 这是我亲眼看到的，还能有假？
   - ☐ 这是我自己看到的，不可能有假。
   - ☐ 我只有亲自去看了，才知道真假。
   - ☐ 我绝对不相信会有这样的事儿。

10. 要不是因为这几大书架的书，我早就搬家了。
    - ☐ 我搬家不是为了书。
    - ☐ 书太多了，搬家太麻烦。
    - ☐ 为了这些书，我一定要搬家。

三、短文阅读 Read the short passage.

郑同学有两个爱好，一个是看书，一个是买书。读大学这几年，他竟然收藏了八千多本书。可书多了，带来的一个问题就是没地儿放。以前他都把书摆在宿舍的桌子上，但是写作业还得用书桌，于是他就把书往床上堆，睡觉干脆就睡在书上。郑同学说："睡在书海中，别提多美了。这么多书，就是找起来有点麻烦。不过有了搬书这项运动，我都不再去健身房了，可以省下来不少时间看书。"

慢慢地，郑同学成了学校的绝对名人。大家都知道他的书多，很多同学来找他借书，他也乐意与别人分享读书的快乐。后来他想，既然大家来找我借书，不如我把宿舍改成"图书馆"。他还给自己的图书馆起名叫"同人书馆"，"同人"是"同是爱书人"的意思。同人书馆成立以后，不光有同学去那里借书，还有教授去借过书呢。

收藏	shōucáng	to collect
堆	duī	pile up
提	tí	to mention
乐意	lèyì	willing

问题：

1. 郑同学的爱好是什么？

2. 郑同学把书放在哪儿？

3. 郑同学为什么想到开"图书馆"？

4. "同人书馆"这个名字有什么意思？

四、快速查阅 Fast reading

下面是北京大学图书馆中秋节、国庆节期间的开馆时间安排，请阅读后回答问题。

图书馆中秋节、国庆节开馆时间

根据学校《关于2015年部分节假日安排的通知》和《北京大学2015—2016学年校历》，图书馆中秋节、国庆节开馆时间安排如下：

月/日	星期	阅览室开放时间	自习区开放时间	备注
9月27日	日	闭馆（中秋节法定假日）		
10月1日-3日	四/五/六	闭馆（国庆节法定假日）		
10月4日	日	8:00 – 22:00	6:30 – 22:30	按双休日开馆
10月5日-7日	一/二/三	8:00 – 22:00	6:30 – 22:30	按双休日开馆 8:00 – 12:00增开： 学位论文阅览室（309） 中文旧报刊室（401）

注：9月26日按双休日开放服务。10月10日、10月11日按双休日开放服务。

北京大学图书馆
2015年9月22日

问题：

1. 2015年中秋节是 ___ 月 ___ 日。

2. 从10月1日到10月7日，北京大学图书馆阅览室一共开放 _____ 天。

3. 从10月1日到10月7日，北京大学图书馆自习区一共开放 _____ 天。

五、扩展学习 Extended reading

孟母三迁

孟子，名轲，是除了孔子以外的另一位有名的大儒。但孟子并不是生来就有学问，他小时候并不喜欢读书。

孟子小时候家里很穷，住在墓地（mùdì, graveyard）附近。墓地上经常有人哭，小孟轲看着她们哭觉得很好玩，就和同伴玩起装（zhuāng, to pretend）哭的游戏来。母亲看到他不认真学习很生气，觉得住在这儿孩子是不会明白读书的重要的，于是就决定搬家。他们搬到了城里的新家后，母亲以为，有了新家，孩子就可以好好读书了。可是，有一次孟轲看到家对面有卖肉的，于是和同伴在家里也学着叫卖（jiàomài, to peddle）。母亲看到后，又决定搬家了。他们经过一个学校，听到了学校里的读书声，母亲就决定在这附近住下来。孟轲就天天跑到学校去，跟着先生读书。母亲很高兴，决定不再搬家了。

刚开始孟轲读书很认真，后来就越来越不认真，经常逃课。有一次他偷偷跑出去玩，被母亲发现了。他回家后，母亲正在织布（zhībù, weave cloth）。母亲问孟轲今天的功课学得怎么样，他说学得很好。这下母亲生气了，其实她早就知道孟轲逃课的事了。母亲气得把孟轲骂了一顿，又把刚织好的布剪（jiǎn, cut with scissors）断，告诉孟轲，他要是不能坚持好好读书的话，就会像这块布一样荒废（huāngfèi, be wasted）了。

从那以后，孟轲才理解母亲的用心，开始认真读书，终于成为了大学问家。孟母三迁（qiān, to move）的故事也流传了下来。

讨论：

"孟母三迁"的故事对你有什么启发？

Unit 10　勤工俭学

一、词语认读 Read the words and phrases.

不如

这件衣服不如那件漂亮。

说汉语，你肯定不如他说得好。

适合

这种颜色的衣服不适合我。

秋天是最适合旅行的季节。

要求

老师要求同学们后天必须完成作业。

整理

他正在整理房间。

他花了三年时间才把这些资料整理好。

满意

老板对他的工作有点儿不满意。

我已经很满意了。

干脆

干脆点儿，到底同意还是不同意？

他说话做事都很干脆。

已经10点半了,你干脆别去了。

犹豫

别犹豫了,赶快决定吧!

这么好的机会,你还犹豫什么。

你呀,干什么事都是犹犹豫豫的。

自信

我对找到好工作有自信。

他自信可以学好汉语。

孩子缺乏自信应该怎么办?

二、句子理解 Figure out the meaning of the following sentences.

1. 这不快要放假了嘛。

    ☐ 不要很快放假。

    ☐ 很快就要放假了。

    ☐ 放假还要很长时间。

2. 你要去你去,反正我不去。

    ☐ 你去的话,我就不去。

    ☐ 如果你不去,我也不去。

    ☐ 不管你去不去,我是不去的。

3. 谁说不是呢!

    ☐ 谁都说不是。

    ☐ 大家都觉得不是。

    ☐ 没有人觉得不是。

4. 你说得倒也是。

　　☐ 你说的跟我一样。

　　☐ 你说的不一定对。

　　☐ 你说的有点道理。

5. 我看，你还是别去了吧。

　　☐ 我建议你要去。

　　☐ 我觉得你不去更好。

　　☐ 你去还是不去，都可以。

6. 工作不好找，干脆自己开公司。

　　☐ 找工作不如自己开公司。

　　☐ 找工作不容易，自己开公司很容易。

　　☐ 如果找不到好工作的话，自己开公司也不错。

7. 她半夜就去火车站排队，好容易才买到了一张火车票。

　　☐ 半夜买火车票很容易。

　　☐ 只买一张火车票比较容易。

　　☐ 这张火车票是很不容易才买到的。

8. 张老师每天晚饭后都要活动一下。

　　☐ 张老师每天晚饭后都有事儿。

　　☐ 张老师每天晚饭后都要锻炼身体。

　　☐ 张老师每天晚饭后都要工作一会儿。

9. 可以说这家公司在中国没有竞争对手。

　　☐ 这家公司在中国是这一行业里最强的。

　　☐ 这家公司是中国这一行业里唯一的公司。

　　☐ 这家公司是中国这一行业里最好的公司之一。

10. 晚上有一场化妆晚会。

　　☐ 晚上的晚会是化妆比赛。

　　☐ 参加晚会的人都化了妆。

　　☐ 晚上的晚会教人如何化妆。

三、短文阅读 Read the short passage.

　　在公司的化妆间里，钱平平看着镜子里的自己，穿着套装的她显得很成熟。她对自己的形象很满意，心里想："经理助理就应该是这个样子吧。"她把提前准备的面试问题又在心里过了一遍："我以前在大学的时候就有很多勤工俭学的经验。""我认为自己很适合这份工作。""我对工作报酬没有要求。"但是钱平平走进面试房间前，还是犹豫了一下，她又觉得不那么自信了。自己大学毕业都三个月了，还没有找到一份正式的工作。跟自己竞争的人很多都是还没有毕业的学生，万一面试官觉得我年龄太大怎么办？另外我还没有本地户口，万一公司不招聘外地人怎么办呢？

镜子	jìngzi	mirror
成熟	chéngshú	mature
提前	tíqián	in advance
万一	wànyī	in case

问题：

1. 钱平平对自己的形象满意吗？

2. 钱平平准备了哪些面试问题？

3. 为什么钱平平在面试前又不自信了？

四、快速查阅 Fast reading

下面是中国网的一则招聘信息，阅读后回答问题。

> 部门名称：新闻中心
>
> 岗位名称：新闻编辑
>
> 招聘人数：4人
>
> 基本要求：年龄40岁以下，身体健康
>
> 专业背景：新闻、经济、法律、社会或相关专业，全日制大学本科及以上学历
>
> 岗位职责：1. 负责中国网首页相关区域和新闻中心各栏目的日常维护；
>
> 2. 负责相关新闻的采访、编辑，策划、制作相关专题；
>
> 3. 负责媒体资源的拓展、积累。
>
> 任职资格：1. 熟悉互联网技术，通晓新闻编辑相关知识，具备基本网络知识；
>
> 2. 一年以上新闻记者编辑从业经验，有大型网站工作经验者优先；
>
> 3. 通过大学英语六级，熟悉计算机办公软件知识；
>
> 4. 能独立完成工作，有丰富媒体经验者优先。
>
> 请在邮件"主题"注明：姓名＋学历＋应聘部门及职位，简历请发至：zhaopin@china.org.cn。

问题：

1. 中国网的_____部门在招聘新闻编辑。

2. 新闻编辑的年龄需在 _____ 岁以下。

3. 新闻编辑的学历需为 _____ 以上。

4. 新闻编辑的英语水平需要 _____。

5. 应聘人员的简历需发到 _____。

五、扩展学习 Extended reading

我的打工经历

不知道有多少留学生像我一样，是花父母的钱来国外读书的。为了能少花父母一点钱，我毫不犹豫地开始找机会打工。

朋友的朋友开了一家杂货店（záhuòdiàn，grocery store），经朋友介绍，我成了杂货店的收银员。工作的内容是：周末两天，每天从下午3点工作到晚上10点，一小时报酬4块钱——好嘛，我被朋友便宜卖给这个杂货店了。

我开始工作，要脸上堆着笑，站7个小时。5个小时之后，我的脚已经很痛了，我非常想脱了鞋把脚放在冷水里，但是不行。刚想去卫生间，这边又叫人了。老板说了，忙的时候是没时间吃饭的，所以你最好在家吃好了再来。我心里想，7个小时，我就算在家吃死也撑不了这么久啊。但吃饭的确是可以在五分钟之内解决问题的，就是吃得太快，有点噎（yē，be choked）。

我一辈子没这么恨（hèn，to hate）过钱。钱是要一张一张点清的，一分也不能差。我这种自己出去买东西都抓一把钱在手里让收银员自己拣（jiǎn，to pick）的人，现在竟要把5分10分25分一个一个都数清楚，经常很抓狂（zhuākuáng，become crazy）。到下班时候更是要认认真真地一分一分数好，生怕少了钱老板扣（kòu，to deduct）我4

块一小时的报酬。你是不知道,大叔们买四瓶啤酒的钱就是我一天的工钱!

终于下班了,坐上地铁已经夜里10点多了。我的脚已经痛得不想着地了,想着如果有个残疾人(cánjírén, disabled person)的轮椅(lúnyǐ, wheelchair)坐回家多好。地铁上困得不行又不敢睡,怕坐过站。到家后坐在地板上不想起来,接电话的时候也是躺着,一秒都不想再站着了。老爸老妈打电话过来,问我过得怎么样?怎么还不找男朋友?我心里想,我怎么不想呢,不过我哪有时间找男朋友啊!

现在不打工了。想起打工的日子,累是累,但对我来说是一种宝贵(bǎoguì, precious)的经历,也是我第一次感觉自己长大了。

讨论:

你有什么打工的经历?

Unit 11　有借有还

一、词语认读 Read the words and phrases.

辛苦

他为了挣钱，每天都要工作到很晚，实在太辛苦了。

他这些钱都是辛苦钱，所以舍不得花。

利用

我想利用这个假期好好学习。

学外语首先要学会利用词典。

万一

你还是带上伞吧，万一下雨了怎么办？

万一有什么事，就给我打电话。

理解

我觉得你其实并没有理解他的意思。

很多人对他的做法都感到不理解。

这篇文章很难，有些地方不容易理解。

可笑

你这种想法太可笑了。

我今天碰到了一件可笑的事儿。

仔细

卧室、厨房、卫生间我都仔细看过了,没有你的猫。

你仔细想想,是不是放在家里了?

他做事情很仔细。

却

我告诉他们怎么走,但他们却不相信我的话。

我往他家里打了好几次电话,但却一直没人接。

再说

这件衣服太贵了,颜色也不好看。再说,这种样式是去年流行的。别买了吧。

二、句子理解 Figure out the meaning of the following sentences.

1. 你们有多少我就要多少。
   - ☐ 你们的我都不要。
   - ☐ 你们的我都要了。
   - ☐ 我不知道有多少。

2. 有借有还,再借不难。
   - ☐ 借东西不是难事。
   - ☐ 借了别人的东西要还,以后再找人借东西就不难。
   - ☐ 有的来借东西,有的来还东西。

3. 一家人不说两家话。
   - ☐ 我们是自己人,不用客气。
   - ☐ 我们是一家人,应该说一样的话。
   - ☐ 我们是好朋友,想法是一样的。

4. 那还不是一回事！
   - ☐ 那不是一回事。
   - ☐ 那就是一回事。
   - ☐ 那是另外一回事。

5. 你都工作了，还好意思再向父母伸手？
   - ☐ 你不应该让父母帮你工作。
   - ☐ 你每天都很忙，但是还是应该去看父母。
   - ☐ 你已经工作了，不应该再向父母要钱。

6. 几百块钱对我来说没什么，对他来说可不是一笔小数目。
   - ☐ 我比他有钱得多。
   - ☐ 他比我更喜欢钱。
   - ☐ 我没有钱，他很有钱。

7. 他什么都有了，可还是快乐不起来。
   - ☐ 他很穷。
   - ☐ 他不快乐。
   - ☐ 他又有钱又快乐。

8. 你还是带着伞吧，万一下雨呢。
   - ☐ 外面在下雨呢，你得带上伞。
   - ☐ 很可能要下雨，你一定要带上伞。
   - ☐ 虽然不太可能下雨，不过你最好还是带上伞。

9. 哪怕父母不同意，我也要去打工。
   - ☐ 我怕父母不同意我去打工。
   - ☐ 无论父母同意不同意，我都要去打工。
   - ☐ 父母没有同意我去打工，但我还是要打工。

10. 大道理人人都懂，能做到的却很少。

□ 明白大道理的人很少。

□ 事情做得有道理不容易。

□ 明白道理不难，能做到却很难。

三、短文阅读 Read the short passage.

林小姐以前是父母的心头肉，现在却成了他们的一块心病。为了让女儿得到更好的教育，父母把林小姐从小就送到了国外读书。林小姐也没让父母失望，顺利拿到了国外大学的学位，毕业后回到了国内。但回来以后，林小姐既不想工作，也不想结婚。林小姐也面试了几个工作，好几个工作父母觉得都挺好，可没有一个是林小姐满意的。父母托朋友给林小姐介绍了好几个男孩子，林小姐也一个都没看上。父母理解不了林小姐的想法，林小姐也觉得父母的想法很可笑。林小姐呢，现在就是一边有一搭没一搭地打打工，一边做自己喜欢的事情——在家写书。林小姐每个月打工的钱留下够自己花的，剩下的钱都交给父母，因为她觉得自己现在住在父母的房子里，应该给他们房租。

心头肉	xīntóuròu	dearly loved one
失望	shīwàng	feel disappointed
托	tuō	to entrust
有一搭没一搭	yǒuyìdā-méiyìdā	on and off

问题：

1. 林小姐的父母为什么把女儿送到国外？

2. 林小姐回国后找到正式工作了吗？

3. 林小姐为什么不去工作,反而要打工?

四、快速查阅 Fast reading

下面2张图对2012、2013和2014年中国大学生的就业状况进行了分析,看后回答问题。

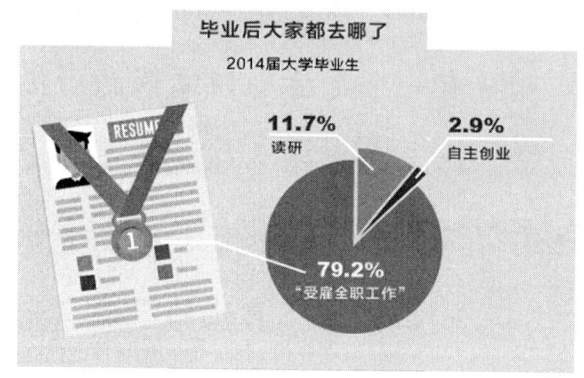

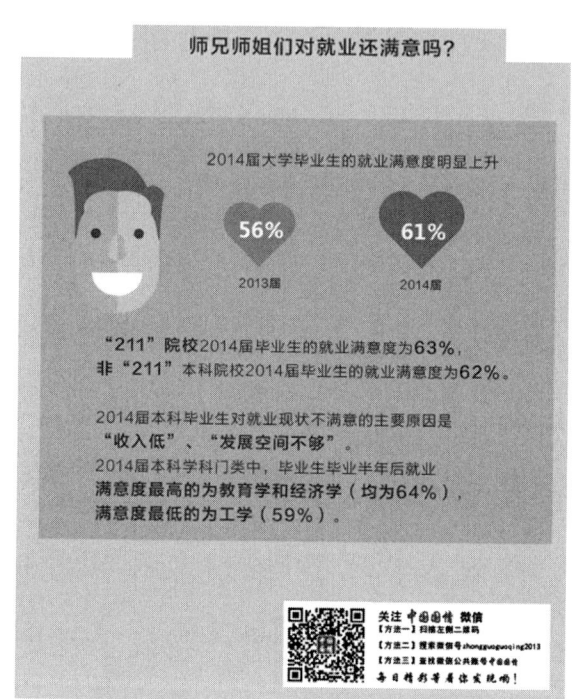

问题:

1. 3年内____届大学毕业生就业率最高。

2. 2014届大学毕业生大部分都去_____。

3. 2014届大学毕业生的就业满意度是_____%。

4. 2014届本科毕业生对就业现状不满意的主要原因是_____和_____。

5. 2014届本科毕业生半年后就业满意度最低的学科门类是_____学。

五、扩展学习 Extended reading

常回家看看

"找点空闲，找点时间，领着孩子，常回家看看……"，很多人都喜欢唱《常回家看看》这首歌。

今年79岁的张大爷就觉得这歌写得特别好，"写出了我们老人们的心里话"，张大爷说。张大爷家在西安，大儿子在北京当警察，小儿子在广州做生意。因为工作忙，老人和孩子们平时很少见面，家里只有他和老伴（lǎobàn, old spouse）。"看到孩子们都挺有出息的，我们也很高兴。我们也能理解，他们工作忙，不可能整天陪着我们。但我还是希望他们能抽（chōu, take out）时间回家看看。实在不行，我们过去也行，但又怕帮不上孩子什么忙，还给他们添（tiān, to add）麻烦。"

在当代中国，像张大爷这样的老人越来越多。"空巢"（kōngcháo, empty-nest）老人正在成为一个社会大问题。为了保障（bǎozhàng, to safeguard）老人权益（quányì, rights and interests），2013年，"常回家看看"甚至写进了《老年人权益保障法》。

但实际上，对绝大多数离家在外的子女来说，他们其实非常渴望能常回家看看。但"真要回家可不像唱首歌那么简单"，老家在农村，正在上海干快递（kuàidì, express delivery）的小李说。"回家陪父母是最好的了，但天天在家，都不工作，吃什么呢？而且我根本没有时间回家。工作从年头忙到年尾（wěi, end），从白天干到晚上，春节假期又只有短短的七天，能抽空回家两三天就已经不错了，更何况（hékuàng, moreover）火车票也不是你想买就能买到的。我也想把父母接到上海来，但城里的生活成本太高了，他们老人也住不惯城里。

你说我该怎么办？"

讨论：

如果你是小李，你会怎么办？

Unit 12　节日快乐

一、词语认读 Read the words and phrases.

流行

今年流行什么颜色？

发微信拜年是去年最流行的拜年方式。

年轻人喜欢流行歌曲，年纪大的人喜欢传统歌曲。

待

别老是待在家里，到外边散散步吧。

我在西藏待过一个月。

好奇

我很好奇，就过去看了一会儿。

孩子的好奇心很强。

似乎

今天林娜似乎有点儿不高兴。

她似乎知道了这件事儿。

接受

别人送礼物给你，你应该高兴地接受。

我能理解他们的想法，但我不能接受他们的请求。

算不上

不到长城非好汉,意思是说如果没去过长城,就算不上好汉。

这只是一点小意思,算不上什么礼物。

使

他的话使人生气。

我们应该好好想想,怎么做才能使客人满意。

许仙和白娘子的爱情故事使我很受感动。

感受

来这儿一个月,我真正感受到了人口少的好处。

你这样做,有没有想过别人会有什么感受?

二、句子理解 Figure out the meaning of the following sentences.

1. 除了生日以外,对我来说最重要的节日就是教师节。
   □ 我最重要的节日只有生日。
   □ 我最重要的节日是教师节。
   □ 我最重要的节日是生日和教师节。

2. 我们现代的生活方式离不开传统。
   □ 我们过着传统的生活。
   □ 我们现在的生活方式还很传统。
   □ 传统就在我们现代的生活方式里。

3. 中国足球,加油!
   □ 中国足球的油不够了。
   □ 中国足球需要再努力。
   □ 中国足球踢得越来越好了。

4. 班里很多同学得了流行感冒。

   ☐ 班里很多同学感冒了。

   ☐ 感冒在班里同学中很流行。

   ☐ 很多同学都觉得感冒很流行。

5. 医院里已经人满为患了。

   ☐ 医院里患者满了。

   ☐ 医院里房间满了。

   ☐ 医院里人太多了。

6. 三楼教室不对外开放。

   ☐ 三楼教室是关着的。

   ☐ 三楼教室的外面是关着的。

   ☐ 三楼教室只有内部人才能用。

7. 我们似乎见过。

   ☐ 我以前肯定见过你。

   ☐ 我以前肯定没见过你。

   ☐ 我感觉我们不是第一次见面。

8. 我在您面前什么也算不上。

   ☐ 跟您比，我不算什么。

   ☐ 我没有你算得清楚。

   ☐ 您在这里，我就算了。

9. 手机使人们之间的联系更加紧密了。

   ☐ 使用手机联系更方便。

   ☐ 手机缩短了人们之间的距离。

   ☐ 手机让人们之间的关系更亲密。

10. 越是贵重的礼物，让别人接受起来越难。

　　□ 贵重的礼物很难买到。

　　□ 收礼物的人不喜欢贵重的礼物。

　　□ 礼物太贵重的话，别人不太容易接受。

三、短文阅读 Read the short passage.

　　中国的传统节日大多跟吃有关，比如春节吃饺子、端午节吃粽子、中秋节吃月饼。但有趣的是，清明节这一天却不能点火做饭。

　　清明节不做饭的风俗跟一个古代故事有关。很久以前，中国有一个国家叫晋国，晋国的公子叫重耳。重耳被人迫害逃了出来，在路上找不到什么吃的，快要饿死了。跟重耳一起逃出来的，还有一个叫介子推的人，他偷偷躲了起来，从自己的腿上割下来一块肉做了一碗汤给重耳吃。当时，重耳不知道这是介子推的肉，等他知道真相后，感动得流下了眼泪。后来，重耳当了国王，把介子推这个人忘了。过了很久，重耳终于想起了介子推，想让他出来当官，但介子推不愿意当官，就背着老母亲逃到了山里。重耳到山里找不到介子推，就点火把山烧了，他想这样可以让介子推出来。可是介子推不愿意出来，就和老母亲一起被烧死在山里了。

　　重耳很伤心，为了纪念介子推，重耳下令在这一天全国不准点火。人们做不了饭，只能吃一些凉的东西，因此这一天又叫寒食节。

风俗	fēngsú	custom
公子	gōngzǐ	prince
重耳	Chóng'ěr	Chong'er
迫害	pòhài	to persecute
介子推	Jièzǐtuī	Jiezitui
割	gē	cut off
下令	xià lìng	issue an order

问题：

1. 中国的传统节日大多跟什么有关？

2. 哪一个节日不能点火做饭？

3. 介子推为什么要自杀？

4. 为了纪念介子推，重耳决定怎么做？

四、快速查阅 Fast reading

下面几张图表反映了 2015 年中秋节月饼销售情况，阅读后回答问题。

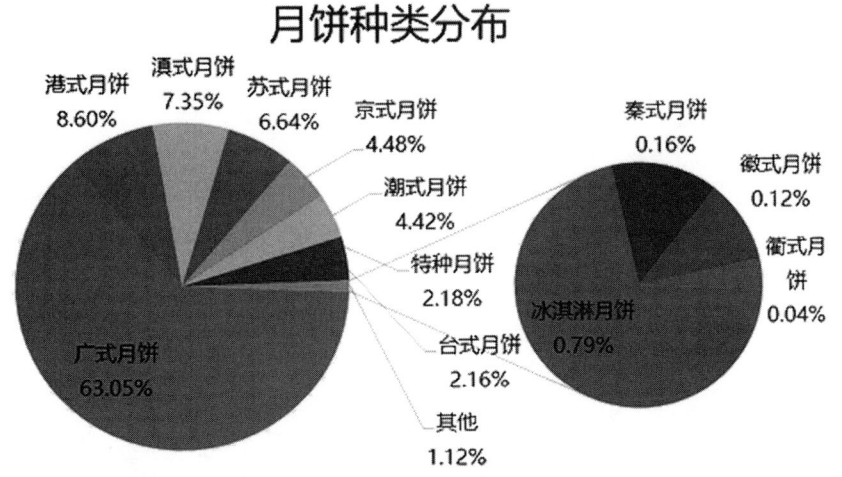

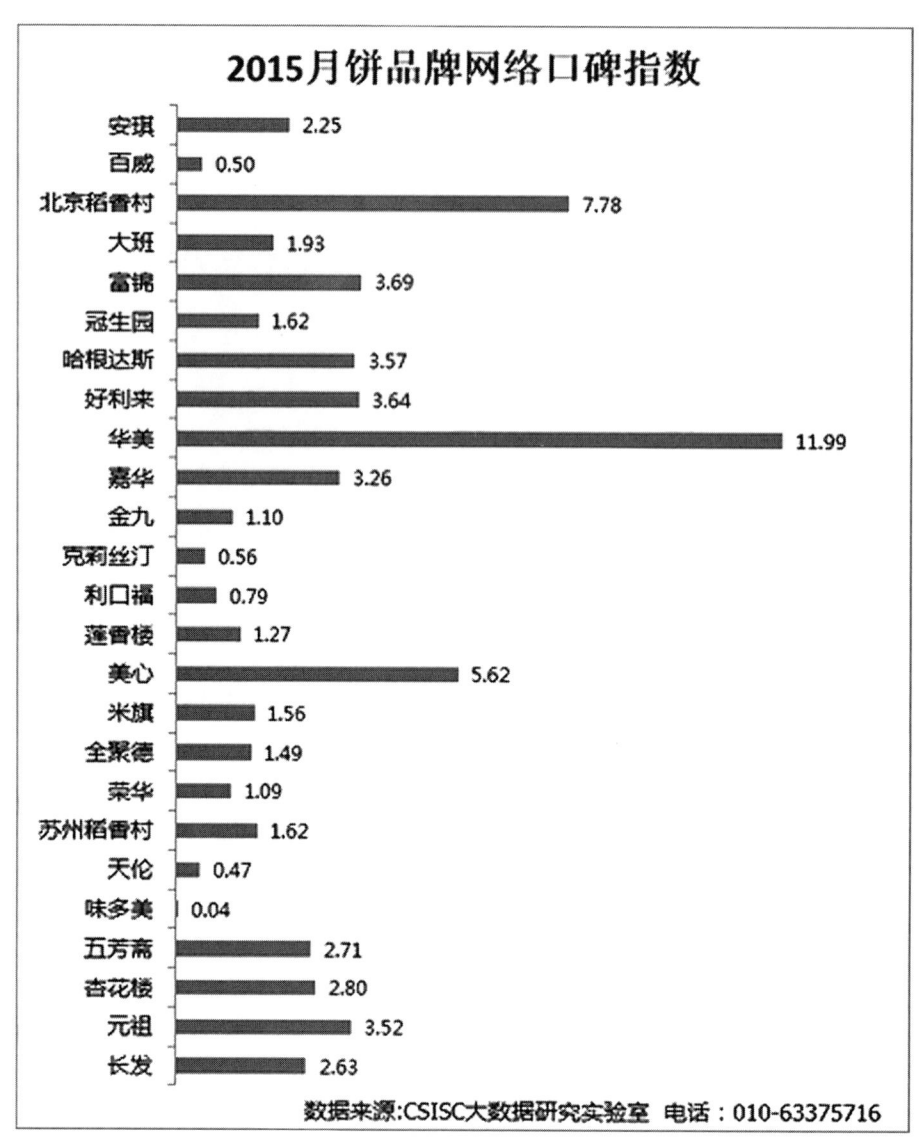

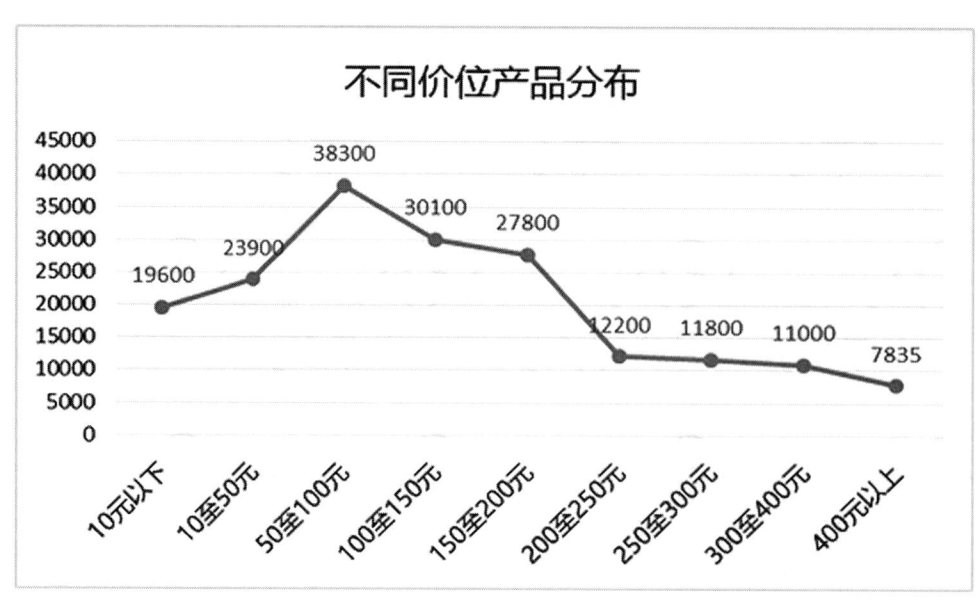

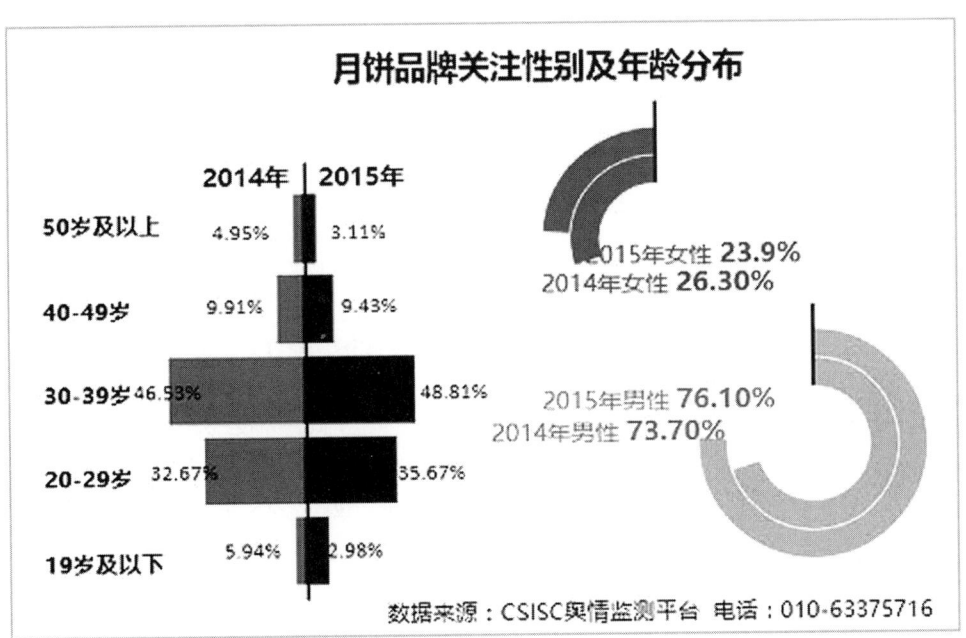

问题：

1. ＿＿＿＿＿牌的月饼在 2015 年月饼品牌网络口碑指数最高。

2. 月饼种类市场占有率最高的是 ＿＿＿＿＿＿＿ 月饼。

3. 价位在 ＿＿＿ 元至 ＿＿＿ 元之间的月饼最多。

4. 2015 年买月饼的人，男人比女人多 ＿＿＿＿%。

5. 2015 年买月饼的人，＿＿＿岁至＿＿＿岁的人最多。

五、扩展学习 Extended reading

"黄金周"

近年来，"十一"长假带来了一个新名词：黄金（huángjīn, golden）周。

"黄金"当然是珍贵的。辛苦工作了几个月，难得可以休息一个星期，还不珍贵吗？人们纷纷出门旅游。于是，道路上车满为患，商场里人满为患，景区人满为患。这样的黄金周，过得很辛苦。

大家平常工作忙，只好趁着假期集中（jízhōng, to concentrate）消费。商家趁着放假的机会，搞起了各种促销（cùxiāo, promote sales）活动。"黄金周"，也就是人们花钱消费（xiāofèi, to consume）周，对商家来说，才是真正的"黄金周"。

很多中国人觉得公共假日太少。另外，由于集中放假，难免（nánmiǎn, hard to avoid）到处人满为患。因此，必须增加休假时间，鼓励（gǔlì, to encourage）人们灵活选择假期。只有这样，才能解决"黄金周"的问题。

讨论：

你认为统一的"黄金周"有没有必要？

参考答案

Unit 1　一片红叶

二、句子理解

1. 秋天的红叶很多。

2. 加拿大人都喜欢枫叶。

3. 他昨天没有来上课，所以要借别人的笔记。

4. 这个问题很难。

5. 她弄脏了我的衣服。

6. 我不知道这个人。

7. 除了男朋友，没有人给她送过礼物。

8. 她写完了作业。

9. 懂我就是爱我。

10. 因为没有买生日礼物，所以是小气。

四、快速查阅

1. ×　2. √　3. ×　4. √　5. ×

Unit 2　花心萝卜

二、句子理解

1. 他是老外，不懂这里的情况。

2. 我自己决定吃什么。

3. 他不要别人的礼物。

4. 从一个人小时候的样子就能看出来他长大后的样子。

5. 什么样的礼物不重要，重要的是有这份心。

6. 他很花心。

7. 昨天晚上我没去参加晚会。

8. 我觉得你应该认识这个字。

9. 女孩子都喜欢吃巧克力。

10. 每个人都喜欢这个小孩儿。

Unit 3　中式英语

二、句子理解

1. 你要记住这件事。

2. 这家餐厅的羊肉味道很好。

3. 她很喜欢这件礼物。

4. 她一点儿汉语都不会说。

5. 她和她同学关系不好。

6. 他爱喝啤酒。

7. 他的工作最近有些问题。

8. 他的英语可能没有你的英语好。

9. 很多澳大利亚人或者他们的祖先是从别国来的。

10. 北京语音是普通话的语音标准。

四、快速查阅

1. 1000　2. 840　3. 3000　4. 2800

Unit 4　各有所爱

二、句子理解

1. 这不用不好意思。

2. 我觉得你应该最喜欢吃牛肉。

3. 小王很喜欢地图。

4. 我原来不明白，现在才明白。

5. 我们两个人的爱好不一样。

6. 我一定会感谢她。

7. 白马也是马。

8. 我们两个人谈不来。

9. 他想去欧洲留学，所以他学习很努力。

10. 他不跟别人一起出去玩。

四、快速查阅

1. 北京　2. 22　3. 18　40　4. 3　5. 6

Unit 5　找不着北

二、句子理解

1. 我在火车站里容易迷路。

2. 吃不完的东西可以带走。

3. 你为什么不让我去？

4. 你可以带一些东西。

5. 有不少人整天没事。

6. 这个周日我要去一次学校。

7. 去了长城的人才能算是英雄。

8. 我只想好好做自己。

9. 她太小了，走不了这么远。

10. 人的一生应该轻松一些。

四、快速查阅

1. 4　2. 1.5　3. 120

Unit 6　保持联系

二、句子理解

1. 我让您等了很长时间。

2. 这件事儿比较复杂。

3. 这个小孩子太小了，不太敢见别人。

4. 假期的时候，哪儿都是人。

5. 夜里去钓鱼的人很少。

6. 老师们常常嗓子疼。

7. 我的运气怎么没有他的运气好呢？

8. 出去旅行可以让你变得快乐。

9. 我觉得是他拿了我的东西。

10. 他不大相信别人。

四、快速查阅

1. 王某某　2. 北京南　天津　3. 北京南　4. 1　02A　5. C 2021

Unit 7　天下一家

二、句子理解

1. 他要请我吃饭，这件事非常奇怪。

2. 请你等一会儿。

3. 我不知道周末应该去哪儿玩。

4. 中国人觉得取什么名字是个重要的问题。

5. 大家都喜欢逗老张。

6. 我跟你是同姓。

7. 每个老师都希望自己的学生学得好。

8. 最近的事情都让他不开心。

9. 这件事没有人有错。

10. 他向国外学习了这些做法。

五、快速查阅

1. 17　2. 6　3. 查文雅

Unit 8　端午传说

二、句子理解

1. 这么一点小事，你不应该没办好。

2. 我们俩这样是结不了婚的。

3. 他不要别人的礼物。

4. 他是一个和尚，不应该要这么多钱。

5. 我给你解释一下这个问题。

6. 这位姑娘喜欢上了那个小伙子。

7. 很多小吃店都是夫妻两个人开的。

8. 打乒乓球，你们队打不过我们队。

9. 龙只在传说中才存在。

10. 爸爸跟儿子在玩游戏，一个人躲，一个人找。

四、快速查阅

1. 6　20　2. 6　16　3. 25　4. 40

Unit 9　夫子搬家

二、句子理解

1. 我肯定比不过他。

2. 学过了的东西要常常练习。

3. 有朋友从远方来，不是一件值得高兴的事情吗？

4. 一个在南方工作，一个在北方工作，我觉得他们俩不可能结婚。

5. 他钱很少，根本买不起房子。

6. 我想看又不敢看。

7. 那个商店的东西便宜，但不太好。

8. 东西越好就越贵。

9. 这是我自己看到的，不可能有假。

10. 书太多了，搬家太麻烦。

四、快速查阅

1. 9 27   2. 4   3. 4

Unit 10　勤工俭学

二、句子理解

1. 很快就要放假了。

2. 不管你去不去，我是不去的。

3. 没有人觉得不是。

4. 你说的有点道理。

5. 我觉得你不去更好。

6. 如果找不到好工作的话，自己开公司也不错。

7. 这张火车票是很不容易才买到的。

8. 张老师每天晚饭后都要锻炼身体。

9. 这家公司在中国是这一行业里最强的。

10. 参加晚会的人都化了妆。

四、快速查阅

1. 新闻中心   2. 40   3. 本科   4. 通过大学英语六级   5. zhaopin@china.org.cn

Unit 11　有借有还

二、句子理解

1. 你们的我都要了。

2. 借了别人的东西要还，以后再找人借东西就不难。

3. 我们是自己人，不用客气。

4. 那就是一回事。

5. 你已经工作了，不应该再向父母要钱。

6. 我比他有钱得多。

7. 他不快乐。

8. 虽然不太可能下雨，不过你最好还是带上伞。

9. 无论父母同意不同意，我都要去打工。

10. 明白道理不难，能做到却很难。

四、快速查阅

1. 2014　2. 受雇全职工作　3. 61　4. 收入低　发展空间不够　5. 工

Unit 12　节日快乐

二、句子理解

1. 我最重要的节日是生日和教师节。

2. 传统就在我们现代的生活方式里。

3. 中国足球需要再努力。

4. 班里很多同学感冒了。

5. 医院里人太多了。

6. 三楼教室只有内部人才能用。

7. 我感觉我们不是第一次见面。

8. 跟您比，我不算什么。

9. 使用手机联系更方便。

10. 礼物太贵重的话，别人不太容易接受。

四、快速查阅

1. 华美　2. 广式　3. 50　100　4. 52.2　5. 30　39

责任编辑：刘小琳
英文编辑：薛彧威
封面设计：张　颖

图书在版编目（CIP）数据

当代中文阅读材料. 3：汉英对照 / 吴中伟主编. —北京：华语教学出版社，2016
ISBN 978-7-5138-1157-6

Ⅰ. ①当… Ⅱ. ①吴… Ⅲ. ①汉语—阅读教学—对外汉语教学—教材 Ⅳ. ①H195.4

中国版本图书馆CIP数据核字（2016）第 026301 号

当代中文
阅读材料
3
主编　吴中伟

*

©孔子学院总部/国家汉办
华语教学出版社有限责任公司出版
（中国北京百万庄大街 24 号　邮政编码 100037）
电话：(86)10-68320585 68997826
传真：(86)10-68997826 68326333
网址：www.sinolingua.com.cn
电子信箱：hyjx@sinolingua.com.cn
新浪微博地址：http://weibo.com/sinolinguavip
北京易丰印捷科技股份有限公司印刷
2016 年（16开）第 1 版
2016 年第 1 版第 1 次印刷
（汉英）
ISBN 978-7-5138-1157-6
定价：39.00元